U0488824

给青少年讲红色纪念馆里的故事丛书（第二辑）

邓小平
青少年时代的故事

邓小平故居陈列馆　编著

中原出版传媒集团
中原传媒股份公司

大象出版社
·郑州·

图书在版编目(CIP)数据

邓小平青少年时代的故事 / 邓小平故居陈列馆编著. —
郑州：大象出版社, 2024. 8 (2025. 10 重印)
(给青少年讲红色纪念馆里的故事丛书. 第二辑)
ISBN 978-7-5711-2159-4

Ⅰ. ①邓…　Ⅱ. ①邓…　Ⅲ. ①邓小平 (1904-1997)
-生平事迹-青少年读物　Ⅳ. ①A762-49

中国国家版本馆 CIP 数据核字(2024)第 092168 号

给青少年讲红色纪念馆里的故事丛书(第二辑)

邓小平青少年时代的故事

DENG XIAOPING QINGSHAONIAN SHIDAI DE GUSHI

邓小平故居陈列馆　编著

出 版 人　汪林中
策　　划　董中山
项目总监　张桂枝
项目统筹　孟建华
责任编辑　王　阳
责任校对　马　宁
装帧设计　付锬锬
责任印制　张　庆

出版发行　大象出版社(郑州市郑东新区祥盛街 27 号　邮政编码 450016)
　　　　　发行科　0371-63863551　总编室　0371-65597936
网　　址　www.daxiang.cn
印　　刷　河南瑞之光印刷股份有限公司
经　　销　各地新华书店经销
开　　本　720 mm×1020 mm　1/16
印　　张　10.25
字　　数　101 千字
版　　次　2024 年 8 月第 1 版　2025 年 10 月第 2 次印刷
定　　价　39.00 元

印厂地址　武陟县产业集聚区东区(詹店镇)泰安路与昌平路交叉口
邮政编码　454950　　　　　电话　0371-63956290

恰同学少年（总序）

“恰同学少年，风华正茂；书生意气，挥斥方遒。指点江山，激扬文字，粪土当年万户侯。”

百年前，以毛泽东、周恩来、刘少奇、朱德、邓小平、陈云等为代表的一群青年人，意气风发，斗志昂扬，心有万里山河，情系手足同胞，壮志凌云响彻九霄。他们走过泥泞曲折的道路，挨过漫长寒冷的黑夜，艰难险阻挡不住心中火焰，地冻天寒难凉一腔热血。面对满目疮痍的神州大地，他们的眼中依旧闪烁着坚定的光芒，他们敢教日月换新天！

青年的命运，从来都同时代紧密相连。近代以来，国家蒙辱，人民蒙难，文化蒙尘，中华民族遭受了前所未有的劫难。直到 1921 年，中国共产党诞生，中国革命的面貌从此焕然一新。一群风华正茂的青年，将自己的命运同时代的走向、祖国的未来紧紧交织，与所有不愿做奴隶的中华儿女一起，筑起了新的长城。

这群青年志存高远，初心不改。他们树立了为祖国为人民永久奋斗、赤诚奉献的坚定理想，高举爱国、进步、民主、科学的旗帜，不畏敌人的坚船利炮，为争取民族独立和人民解放挥洒青春热血。

这群青年热爱学习，追求真理。他们满怀激情学习先进思想，冲破封建束缚，实现思想解放。他们选择了马克思主义，推动了中国社会进步，促进了马克思主义在中国的传播，促进了马克思主义同中国工人运动的结合。他们坚持马克思主义的信仰毫不动摇。

这群青年立足实践，深入社会。他们知行合一，着眼于社会变革，读“无字之书”。他们到工农群众中进行调查研究，了解社会各阶层的情况，在实践中探索中国革命的出路，历经风雨，百折不挠。

习近平总书记指出：“我们要沿着革命前辈的足迹继续前行，把红色江山世世代代传下去。革命传统教育要从娃娃抓起，既注重知识灌输，又加强情感培育，使红色基因渗进血液、浸入心扉，引导广大青少年树立正确的世界观、人生观、价值观。”韶山毛泽东同志纪念馆、周恩来纪念馆、刘少奇同志纪念馆、朱德同志故居纪念馆、邓小平故居陈列馆、陈云纪念馆联袂编写这套给青少年讲红色纪念馆里的故事丛书（第二辑），就是希望广大青少年朋友们从毛泽东、周恩来、刘少奇、朱德、邓小平、陈云六位伟人青少年时代的故事里汲取前行的力量，找寻人生的方向，披荆斩棘，满怀梦想，铸造辉煌！

时光流转，历史长河奔流不息，新时代的青少年要接好革命先辈们事业的接力棒，肩负起民族复兴的重任，自强不息，让青春在为祖国、为民族、为人民、为人类美好明天的不懈奋斗中绽放绚丽之花。

黎洪伟

2023 年 4 月

写给青少年的话（代序）

在20世纪中华民族百年图强的史诗中，永远铭刻着邓小平的名字。他是全党全军全国各族人民公认的享有崇高威望的卓越领导人，伟大的马克思主义者，伟大的无产阶级革命家、政治家、军事家、外交家，久经考验的共产主义战士，中国社会主义改革开放和现代化建设的总设计师，中国特色社会主义道路的开创者，邓小平理论的主要创立者。他的一生，同中国共产党、中国人民解放军、中华人民共和国创建和发展的历史进程紧紧相连，同中国革命、建设、改革的历史进程紧紧相连，同中华民族抗争、独立、振兴的历史进程紧紧相连。他的贡献，不仅改变了中国人民的历史命运，而且改变了世界的历史进程。

1920年，在国难当头、民族危亡之时，16岁的邓小平远渡法国勤工俭学，寻求救国救民的真理，开启了人生的新篇章。1922 年，他在法国参加旅欧中国少年共产党，从此，走上了职业无产阶级革命家的道路。从百色起义到浴血太行，从挺进中原到决战淮海，从渡江战役到挥戈西南，从担任中共中央总书记到下放江西劳动，从主持全面整顿到领导拨乱反正，把改革开放和社会主义现代化建设一步一步推向前进，邓小平的一生始终践行着共产主义的伟大理想。

邓小平说："我是中国人民的儿子，我深情地爱着我的祖国和人民。"他把自己的一生全部奉献给了深爱的祖国和人民。在他宽阔的胸襟中，可爱的故土是祖国辽阔的中华大地，挚爱的亲人是亿万中华儿女。他始终以伟大的马克思主义者的博大胸怀和深邃目光，站在党和国家前途命运的高度对青少年成长给予高度重视和亲切关怀，他说过："青年一代的成长，正是我们事业必定要兴旺发达的希望所在""21 世纪靠你们青年人"。他认为，把青少年培养成什么样的人，这是关系国家前途命运的大问题。邓小平以无产阶级政治家的远见卓识，提出了培养"有理想、有道德、有文化、有纪律”的社会主义新人的目标，为青少年的成长指明了方向。1983 年国庆节，他专门为北京景山学校题词：“教育要面向现代化，面向世界，面向未来。”邓小平对青少年的亲切关怀和谆谆教诲，赢得了全国亿万青少年的崇敬和爱戴，1984 年 10 月 1 日，在庆祝中华人民共和国成立 35 周年的群众游行现场，北京大学青年学生自发打出了“小平您好”的横幅，真切表达了心声。邓小平从领导岗位退下来后，仍关心着青少年事业的发展，他牵挂着贫困地区孩子们的成长，先后两次以“老党员”的名义向“希望工程”捐款。

爱国主义是中华民族的民族心、民族魂，是中华民族最重要的精神财富，是中国人民和中华民族维护民族独立和民族尊严的强大精神动力。青少年是祖国的未来、民族的希望，青年兴则国家兴，青年强则国家强。习近平总书记指出：“要抓好青少年学习教育，着力讲好党的故事、革命的故事、英雄的故事，厚植爱党、爱国、爱社会主义的情感，让红色基因、革命薪火代代传承。”邓小平和老一辈革命家们之所以从青少年时代就能为党、为民族忘我奋斗，而且终身不渝，关键是他们树立了正确的理想，确定了为理想奋斗到底的坚定信念。他们为党、为祖国、为人民建立的不朽功勋，为党和人民事业不懈奋斗的崇高风范，是新时代青少年爱国主义教育的重要内容。

邓小平故里作为全国爱国主义教育示范基地，是广大青少年追寻伟人足迹，缅怀伟人丰功伟绩，接受爱国主义教育和革命传统教育的重要场所。此次我们选编的邓小平青少年时代的故事，立足广大青少年的阅读习惯，讲事实、树形象、述情感、摆道理，从不同角度呈现风范小平、平凡小平的丰满形象。希望广大青少年从领袖伟大品格和风范中汲取精神养分，努力提高思想素质，培养良好的家国情怀，提升国际视野，不怕艰难险阻，从而成长为品德高尚、知识丰富、开拓进取的新一代。

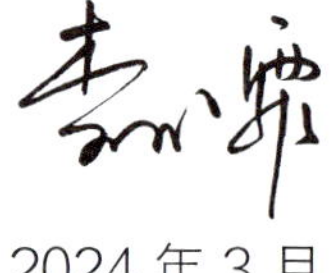

2024 年 3 月

目　录

第二篇

第三篇

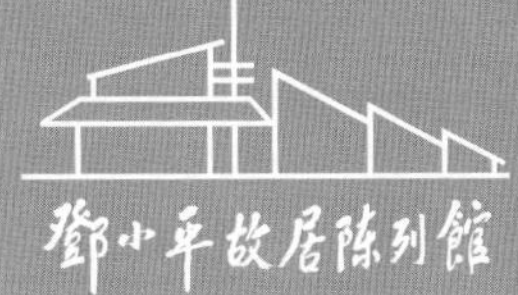

第一篇

广安少年　志向天高

邓小平青少年时代处在近代中国社会大动荡、大变革中。他从小酷爱学习，读书不仅为他开启了一扇明亮的窗户，更照亮了他未来人生的道路。从翰林院子的私塾学童，到积极投身爱国运动的广安中学学生，家乡广安承载了邓小平心系家国、志在天下的梦想。“学习是前进的基础”，邓小平是这样说的，更是这样做的。孜孜不倦的读书生活伴随着邓小平的一生，并和他的革命生涯、思想作风及理论创造紧密地联系在一起。

取名先圣

邓小平一生中使用过五个名字，即邓先圣、邓希贤、多佐罗夫、邓小平、邓斌。邓先圣是他的本名，是父母按照家族字辈起的，体现了他们对孩子的希望和祝愿。他5岁时，私塾先生将其名字改为邓希贤。1926年，邓小平到苏联读书时曾使用多佐罗夫这个外文名。1927年，邓小平到武汉工作，为适应白色恐怖环境下秘密工作需要，遂改名为邓小平。1929年，邓小平使用了邓斌这个化名前往广西领导开展革命工作。

广安，地处四川省东部，位于成都以东约300千米，重庆以北约100千米。广安历史悠久，有记载的文明史可追溯到3000多年前。自北宋开宝二年（969年）取“广土安辑”之意设广安军，“广安”之名沿袭至今。1904年8月22日，邓小平出生在四川省广安州望溪乡姚坪里（今广安市协兴镇牌坊村），并在此度过了人生中弥足珍贵的一段时光。

按照广安旧时风俗，小孩子出生后第三天，母亲的娘家人都要赶来为小孩子祝福，这样孩子就能平安顺利地长大成人，这个仪式叫“打三朝”。到了“打三朝”这一天，邓小平的父亲邓绍昌早早地请来了岳父、岳母，还邀请来了本村年长且有威信的人以及其他亲朋好友共同为孩子祝福。大家欢聚在邓家院子里，吃着丰盛的酒席，有说有笑地憧憬着这个刚出生的男孩儿的未来。听着乡亲们祝福的话，邓绍昌脸上洋溢着满足的笑容，不停地给客人们敬酒：“谢谢，谢谢，请多喝两杯酒……”

“打三朝”一过，就该给孩子取名字了。邓绍昌坐在房中，两眼望着窗外沉思起来。妻子淡氏则抱着儿子，静静地依偎在丈夫身边。特地赶来看望外孙的淡老先生，此刻也坐在房中，正为外孙的取名而苦苦地动着脑筋。他是一位知书识礼且在乡里很有名望的先生，一阵沉默之后，他用手轻轻地捋着胡须对邓绍昌说道：“贤婿，古人云‘名不正则言不顺’，一个人的名字，要伴随他的一生，千人呼，万人唤，可一定要把孩子的名字取好啊！”

淡氏看着怀里的孩子，真是亲不够、爱不完，她听见老人这样说，也连忙叮嘱丈夫：“一定要给孩子取个好名字，图个吉祥顺意啊！”邓绍昌听着岳父和妻子的话，半晌没有出声，只是慢慢地站了起来，在房中走来走去，不停地思索着。

按照中国人的习俗，通常给孩子取名遵照祖辈传下来的字辈，而且字辈那个字排在名字中间，以表示孩子在家族中的辈分，这是祖宗早已在族谱中定下来的，绝对不能更改。按照邓氏家谱中“以仁存心、克绍先型、培成国用、应尔昌荣”的字辈顺序，到孩子这辈应是“先”字辈。至于名字最后的那个字，一般由长辈决定，体现长辈对孩子的希望与祝愿。

在给孩子“打三朝”的酒席上，邓家的亲朋好友对给孩子取名字也非常热心，他们纷纷给邓绍昌和淡氏建议。可是，不论他们怎样议来议去，都不外乎是福禄寿喜、兴旺发达之类。邓绍昌听了这些建议只是微微一笑，并不作答。他觉得用这类字来给他的儿子起名字，不能表达他对孩子的期望。

邓绍昌本身就是一个从成都法政学校毕业的知识分子，他不仅思想开明，而且极有见地。他认为做人不能光追求名禄财喜、长命安康，而应当学习古代贤人，品格高尚，学富五车，至圣至

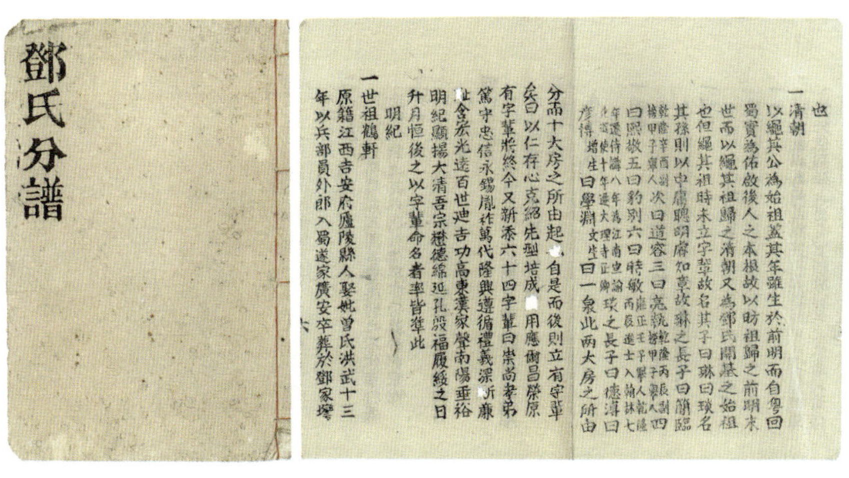
鄧氏分譜

也
一清朝
以繩其公為始祖蓋其年雖生於前明而自粵回
蜀實為佑啟後人之本根故以昉祖歸之前明末
世而以繩其祖歸之清朝又為鄧氏開基之始祖
也但繩其祖時未立字輩故名其子曰琳曰瑛名
其孫則以中庸聰明睿知章故琳之長子曰簡臨
次曰道容三曰亮執……四
曰熙敬五曰豹別六曰時敏……
……瑛之長子曰德溥曰
……曰學淵……曰一泉此兩大房之所由

分而十大房之所由起也自是而後則立有字輩
矣曰以仁存心克紹先型培成國用應爾昌榮原
有字輩將終今又新添六十四字輩曰崇尚孝弟
篤守忠信永錫祚胤萬代隆興遵循禮義深沂康
壯含宏光遠百世迪吉功高東漢家聲南陽垂裕
明紀顯揚大清吾宗繼德綿延孔殷福履綏之日
升月恒後之以字輩命名者率皆準此
明紀
一世祖鶴軒
原籍江西吉安府廬陵縣人娶妣曾氏洪武十三
年以兵部員外郎入蜀遂家廣安卒葬於鄧家壩

《邓氏分谱》中有关家族辈分的记载

邓小平故居

德，成为栋梁之材，为国家和百姓作出贡献。沉思良久，原本踱着小步的他突然心中一亮，大步走到岳父跟前说道："孩子长大后读孔孟之书，学祖先圣人，不如就以'先圣'为名，怎么样？"淡老先生听此一说，心中不由得一怔，说道："先圣？绍昌，你不觉得期望……""不……"邓绍昌摇了摇头，对岳父说道，"孩子长大成人后，前途是由他自己开创的，当父母的，对他仅是一种希望。现在孩子小，他不会懂得这层含意，长大后，他会理解父母这片苦心的。将来，一切都由他自己创造了。"

邓绍昌一席话，说得岳父和妻子连连点头，他们的心思，又如何不与邓绍昌一样呢。

淡老先生高兴地站了起来，走到孩子身边，伸手逗着外孙说道："先圣，你听见你爸爸给你取的名字了吗？"

在父母、老师的教导下，邓小平从小便对自己要求严格。许多年之后，邓小平理解了父亲当年为他取名的含意，他也认为自己应该以先哲们的品格和行为作为自己做人的标准。

邓小平 5 岁那年，父亲把他送到私塾念书。私塾先生给他取了个新名字——邓希贤，希望他成为贤德之人。邓希贤这个名字一直用了 18 年。1927 年，为方便从事党的工作，他将名字改为邓小平，并一直沿用这个名字。

回声角

朴实的问候——“小平您好”

1984年10月1日，庆祝中华人民共和国成立35周年阅兵式和群众游行活动在北京举行。在群众游行中，北京大学游行队伍行进中突然展开一条“小平您好”的横幅，这一画面成为共和国历史上珍贵的记忆。“小平您好”，这句话感情真挚，就像是对家人、对亲朋的问候，真真切切地表达了人民群众对邓小平朴素、深厚的爱戴之情。

1984年9月30日，国庆游行最后一次彩排后，指挥部要求北大学生走过天安门广场时都挥舞蓝色的花束。晚上，同学们一起聚在宿舍里扎花时，突然，一名同学突发妙想，提议写句标语，做条横幅，再卷成花束。这一建议获得大家赞成。

最初设计的句子为：“尊敬的邓小平同志，您好！”因为句子长了点，于是简化成：“邓小平同志您好！”后来，大家讨论干脆把姓氏也省略掉，亲切地直呼“小平您好”。

庆祝中华人民共和国成立35周年群众游行队伍中出现的横幅“小平您好”

字写好了，怎样做成横幅呢？想来想去，他们决定用床单做横幅，把几个大字贴在上面。这时，大家一致看中了其中一名同学的床单，因为这条床单比较新。于是，大家就把“小平您好”四个大字用订书机订在了床单上。

横幅制作好了，怎么展示出来？大家从几个宿舍找来了长木杆，其中还有拖把，他们把墩布头卸了，只留下杆子，将横幅绑在了上面。外面绕以彩带，顶端缀以纸花，横幅被合上后变成了一把巨大的花束。就这样，第二天带进了游行人群中。这一情景成为后来无数人心中难忘的记忆。

私塾启蒙

邓小平的学习生涯是从广安读私塾开始的，这期间的学习对他以后的影响是很大的，为他奠定了比较深厚的国学根底，培养了勤奋好学、善于思考、勇于担当的良好品格。

1909 年农历正月十五刚过，不到 5 岁的邓小平依然沉浸在和小伙伴闹花灯的喜悦中。一天早晨，父亲邓绍昌把他叫到跟前，严肃地对他说："先圣，你已经是大孩子了，今天送你去学堂。你要发奋读书，不能贪玩，要听先生的训导。"邓小平目不转睛地望着父亲，然后认真地点了点头，清澈、有神的眼睛里写满了对知识的渴望。母亲为他换上了一身新衣服，父子俩一道离开家去了私塾。

私塾离邓家院子约 1 千米，当地人都称私塾为"翰林院子"。邓小平踏进私塾大门，在父亲的带领下径直走到供奉孔子牌位的

翰林院子外景

桌案前，点上香烛，向孔子像行跪拜礼，然后向端坐在侧旁的先生两揖三叩头。拜师礼毕后，父亲在一旁落座。私塾先生拿出一本《三字经》，教邓小平念了几句。先生看着这个虎头虎脑透着机灵劲儿的孩子立即就喜欢上了，问邓绍昌："这个孩子叫什么名字啊？"邓绍昌忙恭敬地站起身对先生说："叫邓先圣。"先生觉得孔老夫子才是圣人，"先圣"这名字似乎对圣人不敬。邓绍昌遂请老先生给孩子取个名字。老先生想了想，说："我看就叫邓希贤，有希望和贤德的意思，希望他将来成为贤人。"伴随着邓希贤这个名字，邓小平开始了他人生的启蒙学习，即使是在三九严寒和三伏盛夏他也不轻易缺课。

邓先圣改名处场景

在私塾，邓小平主要学习内容就是读书和写字。私塾教材主要有《三字经》《千字文》《百家姓》以及“四书”“五经”等，当时全国的私塾大致学的都是这些。修习的功课主要有三项，即读书、习字和作文。那时，私塾先生讲课只是照本宣科，逐句教读，然后让学生死记硬背，可是聪明伶俐的邓小平却爱动脑筋，敢于不懂就问，一直到弄明白为止，所以他背课文总是理解着背，不仅背得快，而且记得牢，常常是一字不差。所以，私塾先生特别喜欢他。

不到一年时间，邓小平把《三字经》《百家姓》《千字文》等启蒙读物都读了个遍，而且背得滚瓜烂熟。按照私塾先生的要求，凡是当天教的课文，学童第二天都要背熟，如果背诵有错漏或不流畅，先生就用戒尺打学生的手板，并罚在孔子像前朗读，直到一字不错地背下来方准许回家。这种教育方式对活泼爱动的邓小平来说是一种折磨，好在他的记忆力好，又刻苦用功，所以不仅从来没有挨过先生的打，还常常被先生叫来为其他同学作示范领读。

习字在私塾里也是必修的课程。私塾先生经常给学童们讲：

“好字犹如出马枪，回写就是打马槌。”私塾先生教写字首先是写红模字，即先生把手执笔，教学童练习基本笔画。然后是影写私塾先生写好的字，称为“蒙格”。先生常在八开纸上写上核桃大小的字，作为格字发给学童，让学童临摹。等学童有了一定的基本功后，先生便让他们临摹名家碑帖，大小楷并行。邓小平对写毛笔字很有兴趣，他不但在私塾里认真练习写字，放学回到家里也要反复练习。

酷爱读书、习字的邓小平并不是个“小书呆子”。放学回家后，他经常把妈妈和姐姐先烈叫到一起，让她们坐好，自己则站在她们对面，学着课堂上私塾先生的样子，一只手叉在腰部，一只手拿着书，一边摇晃着脑袋，一边背诵着刚学会的诗文，逗得家里

回声角

一座古朴至雅的邓家旧宅——翰林院子

翰林院子位于四川省广安市协兴镇牌坊村，距广安市区约7千米，距邓小平故居约1千米。它始建于清代乾隆年间，系邓小平的先祖、清代翰林邓时敏的住宅，是一座川东民居穿斗式木结构建筑，悬山式屋顶，小青瓦屋面，坐西朝东，四合院布局，共有大小房屋36间，由朝门、戏楼、厅堂及厢房组成，占地面积2219平方米，建筑面积1671平方米。邓时敏及家人去世后，邓氏族人公议把翰林院子辟为学馆，希望为邓氏家族培养出类拔萃的人物以光宗耀祖，于是办起了牌坊村第一所私塾学校，现为全国重点文物保护单位。

翰林院子私塾课堂场景

人哈哈大笑，都笑称他为“小先生”。

经过私塾的启蒙，邓小平养成了爱学习、善思考的好习惯，为他今后的学习生涯打下了良好的基础。

以智服人

学习是一种生活态度、一种工作责任、一种精神追求、一种境界要求。邓小平曾谦虚地说他读的书并不多。其实，邓小平一生酷爱读书，而且博览群书，特别对中国古典史书情有独钟。他最喜欢读《资治通鉴》，还通读二十四史，喜欢其中的《前唐书》和《后汉书》，还特别爱看《三国志》。阅读中碰到不懂的地方，就翻查《康熙字典》《辞海》等工具书，他对古文的理解能力有赖于儿时在私塾课堂学习时打下的扎实基础。邓朴方（邓小平之子）说："父亲看书从来不在上面写字，连个道都不画，熟记在心，融会贯通。"

有一天，私塾先生的眼镜不慎滑落到地上，只得弯下腰四处摸寻，但只摸到一块瓦片，学生们见状哄堂大笑，先生找不到眼镜，急得满脸通红。此时，邓小平赶忙捡起眼镜，一步上去，扶住先生，说道："先生，您是不是身体不舒服？我扶您去坐一会儿。"

翰林院子

先生坐下后，邓小平悄悄地对他说：“先生，您的眼镜摔坏了，我等会儿叫父亲来看看能不能帮您修好。”先生很是感动，点点头说：“好娃娃啊，今后定有出息。”

第二天，当邓小平兴致勃勃地跨进翰林院子大门时，几个大龄学生拦在他面前，说道：“贤娃子，看不出你年龄不大也学会了拍马屁！你昨天虽然得到了先生的夸奖，但我们不服，你必须拿点儿本事出来让大家看看。要不然，我们对你不客气！”

邓小平被这几个高出自己一头的大龄学生围在中间，可他并不胆怯，粗声大气地问：“怎么算拿出本事？是比扳手劲、摔跟斗，还是扔石头？”

对方答道：“随你挑。”这时，其他围观的学生也跟着起哄。

邓小平上前一步，把书篮从左手换到右手，昂着头说：“我当然敢了。不过我要问你们一个问题，你们如果能够如实答复，我就跟你们比。”

其中一个叫刘胖嘟儿的仗着自己个高力大，攥着两个拳头，嘿嘿冷笑道："真是笑话，我们有啥不能回答你？快说吧。"

邓小平问："你今年多大岁数？"

刘胖嘟儿说道："我今年已经11岁多了，再等两个月满12岁。咋个样？我不能比你大吗？"

邓小平淡淡地回道："我们家的何四娃，也就是四娃哥，已经满15岁，只比你大3岁，可他的个子却与大人差不多高，力气已经和我父亲不相上下，能挑满满的两大桶水，走起路来像飞跑一般，而且水溅不出来。我只问你，你敢不敢跟他比担水呢？"

刘胖嘟儿满脸绯红，有些心虚的他一时不知如何回答才好，他不知邓小平为何提出这样的问题。

邓小平笑笑再问："四娃哥用瓦片向水面一扔，可连续打十几个水漂儿；他扔石头可以指哪儿打哪儿，百发百中，你们谁敢与他比？"

刘胖嘟儿的拳头放下了。

此时邓小平说道："你们如果敢与他比，下午上学时我就叫他来，你们比了后，我就立马与你们比。"看大家没说话，邓小平继续道："要说比试，我认为应该在双方条件大体相等的情况下。我比你小得多，个子也比你矮得多。如果要比，那就应该等我长大再说。"

这时，要上课了。邓小平说："如果你们非要与我比，放了午学我们再找个地方商量。"刘胖嘟儿将手一挥，吼道："放了午学还在这儿见面。"于是，大家纷纷跑向教室。

邓小平走进教室时，私塾先生已准备上课了。因邓小平年龄较小，先生安排他坐在第一排。待学生们都走入教室之后，先生就坐回木椅上，逐个检查布置的作业。

先生点到刘胖嘟儿时，大家瞬间把目光投向他，因为他是出了名的不爱学习。先生叫他背课文，他背了几句就背不下去了。先生又叫他读课文，他也读不通顺。这时，先生生气了，举起戒尺在刘胖嘟儿手掌上连打了三下，并说中午放学前如果还不会背就不准回家。

最后轮到邓小平，先生叫他把《三字经》翻开，一字一句地教读。连续教读了三遍后，先生指着第一句说："邓希贤，你读来让我听听。"邓小平小心翼翼地说："我不读。"

私塾先生听邓小平背诵文章（绘画）

先生听后一惊，微怒道："你也来气我？"

邓小平马上站起来说："先生，我不是气您，我是想背给您听。"

先生更吃惊："你能背了？我只教你三遍，你就能背？"

邓小平点点头："我背给您听就是。"说完便摇头晃脑地背起来："人之初，性本善。性相近，习相远。苟不教，性乃迁。教之道，贵以专。……"

先生顿时喜上眉梢："邓希贤，你父亲以前是不是教过你？"邓小平摇了摇头，先生仍然生疑，问："你是不是以前跟着别

回声角

一种陪伴终生的好习惯——阅读

邓小平特别喜欢看史书，在北京的时候看，"文化大革命"时期他到江西下放劳动，又将家中的书托运过去看。邓小平看书涉猎很广，有时出差也会带一两本历史、诗词之类内容的书。退休后，邓小平订了十几种报纸、杂志，每一份都读得非常仔细、认真，这是他退休后了解社会，和外界沟通的一个重要渠道。到了晚年，他也看武侠小说，他说那纯粹是休息。

字典和地图是邓小平必备的工具。只要遇到不认识的字就要翻一翻字典，有时候他的子女们也帮着查，久而久之，全家人都养成了查字典的习惯。邓小平还特别喜欢看地图，因为行军打仗、部署工作时经常需要看地图，便养成了查阅地图的习惯。

人读过这些句子？”邓小平仍然摇头：“没有哇，都是刚才您教的呀。”

先生自言自语道：“奇才，真是奇才！跟着读了几遍就能背诵。”

从此，在私塾课堂上，邓小平每次都能准确、流畅背诵先生教授的内容，也逐渐被同学们称为“记忆高手”。而刘胖嘟儿也再没有找邓小平比试身手，那种盛气凌人的态度也没有了。

小小蚕儿

少年邓小平是一个热爱劳动的孩子。旧时，川东北农村每家每户都有栽桑养蚕的习惯，因为这能给家里带来一定的收入。每年到了养蚕季，邓家到处摆放着养蚕的簸箕，邓小平也成了母亲的得力助手。最重要的是，邓小平在养蚕过程中慢慢懂得了蚕一生的演变所折射出的道理。

少年的邓小平非常懂事。每逢农忙，家里的大人们忙里忙外，邓小平常常帮着做些力所能及的事，有时到田里帮着放牛，有时背着和自身差不多高的背篓去割猪草。他还经常帮母亲做些家务活，俨然成为母亲得力的小助手。乡亲们都说，“希贤是个爱劳动的好娃儿”。

姚坪里家家户户都会养蚕，但养蚕可是一件又苦又累的事。每到养蚕时节，村里各家各户都忙碌起来，邓小平家也不例外。

家里堂屋、厢房的地板上以及箱子、柜子上都搭着一格一格的蚕架，上面摆满了养蚕用的簸箕。这一段时间，母亲很辛苦，白天在庄稼地里干活，回家后又要做饭、洗衣，晚上还要喂蚕，经常忙到深夜才能睡觉。邓小平当时虽然年纪小，但这一切他都看在眼里，很是心疼。

邓小平也喜欢养蚕，他特别喜欢那些蠕蠕爬动的幼蚕。放学后，他很少在外面和小朋友玩耍，经常直接跑回家帮忙干活。摘桑叶、喂小蚕，这些活对于年龄不大的邓小平来说已经驾轻就熟。捉小蚕是个细致活，也是邓小平的拿手活，他那小手在簸箕里东一下，西一下，一点儿也不比大人捉得慢。家里养的蚕很

蚕房院子外景

多，一家人往往要忙到深夜。淡氏心疼儿子，既怕累着他，又怕耽误他学习，一直不愿让他来蚕房帮忙。姐姐先烈还打趣地对他说："弟弟，你是读书人，肚子里装的是墨水，怎么能干粗活呢？要是打翻了墨水瓶，孔圣人知道了肯定是要生气的哟！"邓小平听了，很不服气地将嘴一撇，说道："你不要取笑我，书上还笑话那些四体不勤、五谷不分的人哩！"母亲和姐姐看着他那认真、神气的样子，都笑得合不拢嘴。

邓小平最喜欢和姐姐一起玩儿。每当邓小平放学回来去蚕房帮忙时，姐姐总是跟在他后面。邓小平常在干活时将学到的东西告诉姐姐，有时还要给姐姐讲一些有趣的事情。邓小平讲起故事来，那可是绘声绘色、有条有理。

"姐姐，你可别小看这些幼蚕，这可是黄道婆从天上带下来

回声角

邓小平青少年时期活动旧址——蚕房院子

蚕房院子建于清朝末年，距离邓小平故居北约200米，是一座川东民居穿斗式木结构建筑，一楼一底。房前屋后栽桑，正房住人，厢房养蚕，东厢房后煮茧缫丝。民国初年，邓小平的父亲邓绍昌和邓绍圣（邓小平族叔，与邓小平一同留法勤工俭学）的哥哥邓绍明在这里合伙开办集栽桑、养蚕、缫丝一条龙生产的家庭手工作坊，是川东地区民族资本萌芽的物证。少年邓小平经常在此养蚕、劳动。

的神虫啊！”一次，邓小平一边捉蚕，一边对姐姐讲道。“黄道婆？”姐姐睁大了眼睛朝邓小平问道，“她是天上的神仙吗？”“不。”邓小平笑了笑，对姐姐解释道，“黄道婆是古时候的一位妇女，传说黄道婆看到人们缺吃少穿，就带来天上的神虫——‘蚕’，教人们栽桑养蚕，纺纱织绸，人们这才过上了好日子。所以，我们不但要怀念这位热心善良的妇女，而且也要爱护蚕。”听着弟弟讲的故事，姐姐也渐渐对养蚕产生了更加浓厚的兴趣。这时，姐姐小心翼翼地将手伸到簸箕中，摸了摸幼蚕，“呀！光滑滑、软绵绵的”。邓小平对姐姐说，蚕是很温驯的，它不会咬人，但它身体很柔弱，要轻轻地拿，这样它才不会死。从这以后，姐姐在蚕房帮妈妈捉蚕时就格外小心，生怕伤害这些幼小的蚕虫。

蚕子上树，那可是邓小平全家人最高兴的时候。蚕房里用谷草扎成的蚕簇上，挂满了缕缕银丝和只只蚕茧，黄白相间，好看极了，这可是全家日夜辛劳的收获啊！往日，邓小平每天都要和姐姐往蚕房跑好几次，但这时，大人是不允许孩子们进去的，他们只能从门缝中往里瞧，边看边兴奋地议论着。

“唉，蚕子真可怜。”有一次姐姐突然叹口气，指着蚕茧说，“它干吗要吐丝将自己憋死呢？它真是太傻了！”邓小平一声不吭，像是默默地思考着什么。

“弟弟，你怎么不说话？你告诉我，蚕子为什么要这样做呢？”姐姐偏着头望着邓小平，她想从弟弟的脸上找到答案。邓小平看了看姐姐，又拉着姐姐的手说：“蚕子不傻，也不可怜，而是令人尊敬。为了让我们能过上好日子，小小蚕虫，作茧自缚，舍弃自身，世上又有多少人能做到这一点呢？”两人静静地望着蚕房里正在作茧的蚕虫，似乎都各自体味到了什么。

蚕身上具有的坚持不懈、孜孜不倦、无私奉献的精神，无声地浸润着少年邓小平的心灵，埋下了长出优秀品格的种子。

刻苦练字

旧时，练写毛笔字是启蒙教育的重要必修课，通过私塾教育的学童大多具有良好的毛笔书写习惯并受用终身。邓小平等老一辈革命家都练有一手漂亮的毛笔字，他们不管是来往信札、电文手稿，还是文件批示、题字题词等，都经常使用毛笔书写，为我们留下了大量具有历史价值的宝贵墨迹。

邓小平在私塾除了识字、背诵课文，还要练习写毛笔字，而他也特别喜欢写毛笔字。邓小平小时候经常帮爸爸磨墨，一声不响地站在爸爸身旁，认真地看爸爸写毛笔字。

“贤娃子，写毛笔字一要笔力，二要功夫，三要骨架。读书人不光要读好书，更重要的是还得写好字。光有学问，没有一手好字，人家是会瞧不起你的。”邓绍昌一边写字一边给儿子讲解写字的方法和要领。邓小平记住了爸爸的话，他暗自下决心，一

邓小平故居前的洗砚池，儿时的邓小平常在此取水洗笔、研墨

定要练出一手好字来。

私塾里，先生教习字是相当严格的，他常对学生们说："一撇一捺写个人，一生一世学做人……"他通过教写字，为学生讲解为人处世的道理。

通常每天一早邓小平和同学们就准时来到翰林院子。私塾先生早早地就坐在那里，手上拿着一本书看，面前摆着打手心的戒尺。私塾里静悄悄的，大家谁也不敢说话，都自觉地打好水、磨好墨，认认真真地练习写字。一段时间后，邓小平和同学们将写好的字送到先生那里批改。先生戴着老花镜，拿起红笔，把学生们写的字一张张批阅。

对写得好的字，他就画一个大红圈圈起来；对写错或写得不好的字，他便在字的旁边打上一个红叉。

邓小平和同学们将先生画的红圈称为“红鸭蛋”，又把红叉称为“红筷子”。谁“红鸭蛋”得的多，便能顺利地领回自己的习字本。谁“红筷子”得的多，放学后则会被先生留下来重写，直到将字写好才能回家。邓小平一次也未被留下过。

放学后的时间，邓小平也没有虚度。每天放学回家，他还会坐在桌前练习写毛笔字，什么横轻竖重，什么一点如桃、一捺如刀，这些写字的基本要领他都记得很牢，写起字来得心应手。要是有哪一个字没写好，邓小平都会重新写，一笔一画、一钩一竖地反复练习，从不含糊。哪怕写上十遍、二十遍，他都不会停笔，直到自己满意为止。

由于桌子高，他有时干脆站着写。不一会儿，手腕酸了，胳膊肘疼了，腿也站硬了。可是，邓小平连吭也不吭一声，手握着毛笔，坚持着写下去。

看到儿子这样刻苦勤奋，淡氏既高兴又心疼。她说：“贤娃子，写累了就出去玩一会儿再写吧！”邓小平握着笔认真地对母亲说：“妈，先生给我们讲，司马光借月光读书，岳飞在沙盘上写字，那才叫刻苦呢！如果我连字都写不好，那还念什么书啊！”

功夫不负有心人，由于邓小平刻苦努力，先生在他的习字本上总是画很多的“红鸭蛋”。但他的同桌写的字却一塌糊涂，一篇习字写下来，几乎得不到一个“红鸭蛋”。邓小平见状，毛遂自荐当起了小先生。他一边耐心地教同桌起承转合的笔法，一边认真地纠正同桌不规范的写字姿势。在邓小平的帮助下，同桌也慢慢掌握了写毛笔字的要领，得到的“红鸭蛋”也渐渐多了起来，两人的友谊也更进了一步。

有时，母亲淡氏看到习字本上一个个的红圈圈，便会在吃饭的时候给邓小平煮个鸡蛋作为奖励。每每这时，邓小平的心中都有说不出的高兴。在当时，一个鸡蛋算是很高的奖赏了。

可是，一天，邓小平放学回家却一扫往日的高兴劲儿，圆圆的小脸上布满了不快。母亲关心地问他：“贤娃子，今天怎么啦？是不是有谁欺负你了？”邓小平站在母亲面前一声不吭。

母亲急了，又问：“是不是今天没得‘红鸭蛋’？”淡氏像是看透了儿子的心思。她急忙从邓小平的书包里拿出习字本来

母亲为邓小平送去煮鸡蛋（绘画）

看，只见习字本上全部画满了红圈。她不解地问道：“贤娃子，你满本都是‘红鸭蛋’，为啥还不高兴啊？”

邓小平噘着嘴说：“不，还少了一个！”淡氏翻开习字本，又仔细看了看，果然有一个字没有画上红圈。

“哎呀，这算啥呀！”淡氏安慰儿子说，“贤娃儿乖，谁也不能保证个个字都写好呢！你习字本上只有一个字没圈上，可也没有‘红筷子’呀！没关系，妈今天仍然要奖励你哩！”

“不！”邓小平一把从母亲手里拿过习字本，摇着头说，“妈，我今天不该得奖励，我少得了一个‘红鸭蛋’，不应该吃你煮的鸡蛋。”在中午吃饭时，邓小平对妈妈煮好的鸡蛋一动也不动。饭后，邓小平便回到房中，磨好墨，手握着毛笔，一笔一画地练习起那个没得上红圈的字来。

回声角

“戒懒”——邓小平题写的一句家训

邓小平的毛笔字柔韧圆劲、气韵流畅。1984 年，邓小平 80 岁生日当天，他在北京米粮库胡同家中为儿女、孙辈以及身边工作人员均题写了毛笔字作为纪念。其中，给二女儿邓楠题写了“戒懒”（见下页图），表露出他的人生态度，也体现了他对晚辈的殷切希望。

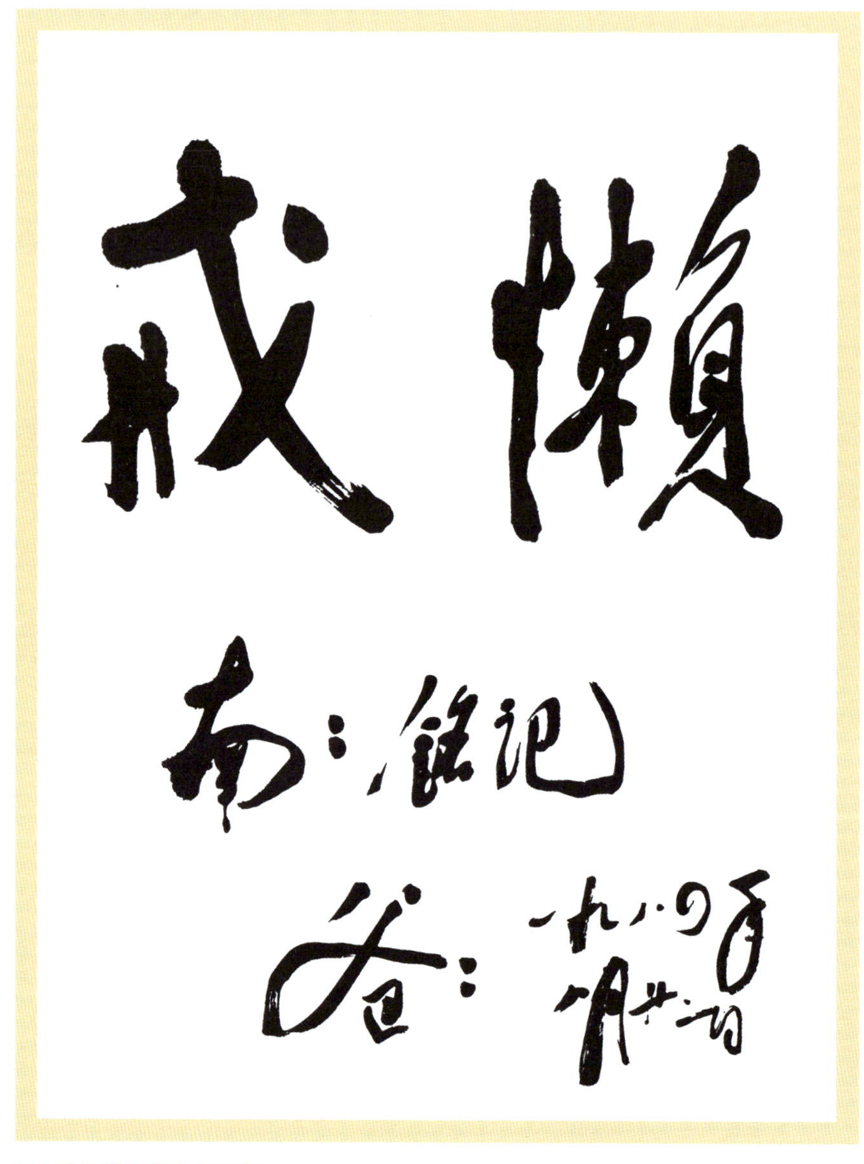

邓小平为邓楠题写“戒懒”

骑上“神龟”

旧时，中国民间一些人常常想通过对神灵的跪拜达到祈求上天佑护的目的。而少年邓小平却与众不同，他不但机智勇敢而且从来不信鬼神，是当时第一个敢骑上“神龟”的孩子。

在邓家院子旁不远的地方有块石碑，镶立在一个巨大的石龟背上。这块石碑高约 5 米，宽约 1 米。当地人都叫它“神道碑”，并把驮着石碑的那只石龟称作“神龟”。神道碑建于清朝嘉庆年间，是朝廷为表彰邓家先祖邓时敏的功德而赐造的。当地百姓对这座神道碑十分崇敬，对那只大石龟也敬若神灵。村里的大人小孩都不敢随意攀爬，以免亵渎了上天而遭到神灵的报复。久而久之，这座神道碑也就充满了神秘色彩。

每年的夏天，是孩子们最喜爱的季节。小河边、山坡上常常听得见他们的嬉笑声和喧闹声。邓小平年纪虽小，但活泼爱动，

清水塘

伶牙俐齿，当地的小孩都把他当成孩子王。他时常和小伙伴坐在清水塘边上看着大人捉鱼、捉虾。看到活蹦乱跳的鱼虾，孩子们开心得不得了。有一次，邓小平和一群小伙伴在清水塘边玩累了，又相互打闹簇拥着向神道碑方向跑去。

走到神道碑前，邓小平抬头看了看高高的石碑和纹丝不动的石龟，突然他灵机一动，转过身对小伙伴们说："我们爬到石龟上去玩，好不好？"其实，邓小平的这个想法早就在心里酝酿了许久，他觉得这不过是块石头打就的乌龟而已，为什么人们总把它传得这样神秘？难道它真是天上的神仙下凡吗？曾经为了把这些事情搞清楚，他还专门跑去问过父亲："爸爸，那座碑和那只石龟真是神仙下凡的吗？天底下到底有没有鬼神呢？"父亲笑了笑说："贤娃子，你说呢？"邓小平摇了摇头，口中小声说了一句："没有。"父亲用手摸了摸他的头，说道："这就对了，天下哪有什么鬼神呢！”邓小平听父亲这么一讲，心中顿时开朗。

当小伙伴们听邓小平这么一说，都吓住了，因为他们从来都不敢有爬到石龟上去玩的想法。过了一会儿，大家七嘴八舌并纷纷拒绝，一个孩子说：“听大人们讲，爬石龟会肚子疼的，老天爷会惩罚你的。”

邓小平眼睛一转，大声地说：“一个石头做的乌龟哪有那么大的本事，我才不信呢。你们不敢，我先来试试。”说着，他勇敢地走到神道碑前，一纵身，敏捷地跳了上去，手舞足蹈地喊：“快来啊，快来啊，好玩得很。”

小伙伴们这时已吓得惊慌失措，大声叫道：“希贤呀，快下来，你要惹祸的。你再不下来，我们要去告诉你父母了。”

邓小平对小伙伴们的提醒满不在乎，仍然若无其事地玩着，说：“惹祸就惹祸，我就要看看这个石龟有多大的本事。”小伙伴们远远地看着他，一时不知所措。

过了好多天，邓小平的肚子没疼，家中也无灾祸，小伙伴们这才放了心。后来，在邓小平的鼓励下，小伙伴们也都壮起胆子爬上石龟。

回家后，邓小平把骑石龟的事告诉了姐姐。姐姐听后非常惊讶，也很担心，害怕上天惩罚弟弟和全家，一连好几天都睡不好觉。但后来家里什么事情也没有发生，弟弟身体一天比一天变得结实了，慢慢地，姐姐放了心，打心底佩服弟弟：“念过书的孩子就是不一样！”

“姐姐，这个世界上本来就没有什么鬼神！”邓小平十分认真地对姐姐说道，“这也是爸爸说的！”

回声角

神道碑

神道碑是清朝嘉庆年间朝廷为表彰邓小平的先祖邓时敏的功德而赐造的。邓小平的先祖邓时敏于清朝雍正十年（1732年）中举，乾隆元年（1736年）进士及第，入翰林院授以编修，后升为侍讲学士，于乾隆十年（1745年）升任大理寺正卿。邓时敏为官忠耿，刚果持正，政绩斐然，声名远播。年老后乞休，返乡卒于家，诰授通奉大夫。神道碑距邓小平故居约500米，碑高约5米，碑石上书“诰授通奉大夫大理寺正卿邓公神道”。

神道碑（马福供图）

新式教育

清末民初，中国社会在中西文化不断冲突与融合过程中逐渐发生转型，继而推动了传统教育向近代教育的转变。北山小学堂的创办打破了传统教育的陈规，点燃了广安新式教育的火苗。1910—1915年，少年邓小平在北山小学堂初步接受新式教育，老师们新的思想、新的观念对邓小平之后的成长影响深远，他在北山小学堂刻苦求学的经历也赋予了这所学堂新的内涵。

邓小平的父亲邓绍昌在当地是一个很有名望的绅士，思想开明，对孩子的教育非常严格。邓小平不到7岁就结束了私塾学习，随后被送到北山小学堂学习，接受新式教育。

当时，北山小学堂共有学生100多名，分甲、乙、丙、丁班，邓小平被分在丁班。学堂开设的课程有国文、算术、图画和体操等。北山小学堂的教学内容虽然比私塾丰富了很多，但因没有统一的学习教材，老师往往凭自己的爱好选择一些课文来教授。国文老师邓俊德是一个不满封建礼教、思想先进的新派人物，他除了从“四书”“五经”中选一些内容教给学生们，有时还会给学生讲一些如太平天国运动、义和团运动等故事。这些教育对邓小平早年思想影响非常大，也给他留下了深刻的记忆。邓俊德常对学生们说，帝国列强侵占中国，这是中华民族的奇耻大辱，大家要用功学习，发愤图强。这个时候，邓小平突然觉得长大了，一下子明白了好多道理，学习的劲头更足了。在北山小学堂学习的几年间，邓小平除一次因生病缺了几天课外，从未旷过一天课。勤奋好学的他始终是班上成绩拔尖的优秀学生，经常获得老师和同学们的称赞。

北山小学堂教室复原场景，邓小平的座位位于第二排右侧

从邓小平的家到学堂比较远，且全是乡间土路，崎岖不平。一到下雨天，小路就变得泥泞难走，不少人的鞋子常常被泥土粘掉，或是摔个“人仰马翻”，弄得全身都是泥，但邓小平从来没因为这些而迟到过，无论严寒酷暑还是刮风下雨，他都坚持上学。下雨天，有时祖母心疼孙子，劝他不要去学堂了，可以在家温习，等以后再补上。这时候，邓小平就大声地背诵在国文课上学到的文章给祖母听：“……积土成山，风雨兴焉；积水成渊，蛟龙生焉；积善成德，而神明自得，圣心备焉。故不积跬步，无以至千里；不积小流，无以成江海……”祖母自然听不懂孙子在说什么，就转向淡氏说道：“你听听他满口文词的，也不知道在说什么。”妈妈知道劝不住邓小平，就只好叮嘱他：“你要去上学可以，但是要答应我们，路上一定要小心！”邓小平扬起稚气未脱的小脸应道：“放心吧，我又不是泥巴捏的小人儿。我们学堂里的体操课，老师还让我们在雨里跑步呢！这样才可以把身子练结实嘛！”

为了不让邓小平淋雨，妈妈还特地给他准备了一个大大的斗笠和一领合身的蓑衣。每到雨天，邓小平就戴着斗笠、穿着蓑衣，远远看去就像一个小小的渔翁行走在前往北山小学堂的泥泞土路上。姐姐有次看到他这个样子打趣道：“小渔翁！”这时，邓小平拍一拍藏在衣服里鼓鼓的书，笑呵呵地对姐姐说：“对啊，鱼儿都在这里藏着哩！”

回声角

协兴镇的第一所新式小学堂——北山小学堂

北山小学堂距离邓小平故居约3千米，始建于清代，房屋为单檐，悬山式木结构，小青瓦屋面，穿斗式梁架，是典型的川东民居风格。该学堂占地面积667.87平方米，建筑面积327.54平方米，房屋6间，是广安当地新式教育的代表之一。

协兴镇原来没有小学堂。1903年，清政府颁布的《奏定学堂章程》规定：学校分三段七级。第一段为初等教育，包括蒙学院四年、初等小学五年、高等小学四年；第二段为中等教育，中等学堂五年；第三段为高等教育，高等学堂三年，分科大学三年，通儒院五年。由此，全国各地纷纷建立起了初、高等小学堂和中学堂。协兴镇在全国办新学的潮流影响下，于1909年创办了当地第一所新式小学堂——北山小学堂。学堂由邓绍昌和本乡曾留学日本的革命党人胡光白等创办，邓绍昌本人也在学堂教过书。

北山小学堂（马福供图）

乐于助人

在北山小学堂读书时的邓小平，年纪在班里最小，老师、同学们都非常喜欢他，这不仅仅因为他刻苦好学，更重要的是他敬重师长、团结同学、热心助人。接下来，我们就来看看在北山小学堂读书期间的邓小平与 5 块银圆的故事。

一天下午，邓小平和同学正有说有笑地走在放学的路上，大家有的在嬉戏打闹，有的在采摘路边的野花，还有的在默记老师刚刚教过的课文。忽然，有人看见张二虎同学蹲在路边一棵黄桷树旁哭。

“希贤，你看张二虎在路边哭得好伤心。”一位同学向同路的邓小平说，又用手指了指前面。

“走，我们去看看。”邓小平说着便和大家飞快地朝那位同学跑去，你一言我一语地询问起来。有的问道：“你是不是丢什

邓小平去北山小学堂路上的黄桷树

么东西了？”还有的问：“是不是老师批评你了？”但只见张二虎哭得越来越伤心。大伙儿谁也不知道该怎么办了。

这时，邓小平上前将他扶起来问道：“你怎么啦？你说给我们听听，看看我们能不能想办法帮助你。”

张二虎听邓小平这么一说，抬头朝大家看了看，止不住的眼泪一串一串往下落。“你别哭，你别哭，告诉我，到底发生什么事了？”邓小平一边追问，一边帮他擦去脸上的泪水。

“我……我妹妹得了重病，如果再不治的话，就活不成了。”张二虎说着说着又忍不住地哇哇大哭起来。

“那快去请医生看病啊！在这儿哭有啥用！”邓小平急忙催

促他。

“爸爸说，家中一个铜板都没了，到处借钱也借不到。妈妈在家里也急得晕过去了。我看着干着急也无能为力，只好跑出来在这儿……”张二虎断断续续地给大家讲出了事情的原委。原来是因为家里没钱，看不起病。大家也都为张二虎家里遭受这样的事情而感到难过，可是，谁都没有办法帮助他。于是，邓小平安慰他说：“你别着急，我们给你想办法，一定帮你把妹妹治好。”

张二虎半信半疑地朝家走去，而邓小平也不和同学们继续嬉闹了，朝着自家的方向飞奔而去。

当天晚上，躺在床上的邓小平翻来覆去睡不着觉，一直想着怎样才能帮助张二虎。

第二天早晨，邓小平一早就来到学校，可在班上没有看到张二虎，他不禁焦急万分。快到课间休息时，他才看见张二虎满头大汗地来到学堂。邓小平急忙迎上去，将张二虎拉到一边，从衣服口袋里掏出了 5 块银圆，悄悄地往他手中一塞，说道：“你快把钱拿回去给妹妹治病吧。”

“这钱……”张二虎手中拿着这沉甸甸的 5 块银圆，望着邓小平，眼噙泪水说不出话来。要知道，他长这么大还从来没见过这么多钱。“你还站在这干吗？走，我和你一起去请郎中救人。”邓小平拉着张二虎就朝学堂外跑。在张二虎家里，邓小平帮着忙上忙下，直到张二虎妹妹服药躺下后，他才拖着疲惫的身子朝家中走去。

没隔几天，父亲邓绍昌从外地回来，在查账时发现家中少了 5 块银圆，这可是家里从来没有过的事。要知道，这些钱在当时可不是小数目，可以买到 500 斤稻谷，足够一家人一年的基本口粮了。

当晚，邓小平的父亲把全家人召集在一起。他满眼怒气，板着脸，大声问道："是谁拿了家里的钱？""爸，你不用问了，钱是我拿的，和别人无关，要打就打我吧！"邓小平说着便拿起一根竹片递到爸爸手里。看到孩子无所畏惧的样子，邓绍昌立刻火冒三丈。

"好哇！你拿了家中的钱，像是还很有理啊！"平时对子女要求严格的邓绍昌，历来教育子女要勤奋向上、坦荡无私，最不能容忍的就是品行不端。邓绍昌万万没想到是自己的儿子偷了银圆，他挥起竹片打了下去。母亲想要拉住，一看邓绍昌那铁了心

邓小平故居正堂屋

的架势也没敢说话。

邓绍昌怒气平息后，不免疑惑儿子为什么拿这么多钱。他对这个儿子是非常了解的。邓小平从小就很懂事，每天放学回家后总是帮家里做些家务，深得父母的疼爱。平时，邓小平很知道节俭，给他的零花钱都舍不得花，怎么会偷偷拿这么多钱呢？

于是，邓绍昌放下竹片，大声喝问：“你说，这钱你干什么用了？”邓小平忍着疼痛，倔强地站在那儿，一声不吭。母亲着急了，拉着儿子的手说：“好孩子，你快说，让我们都急死了呀！”但是，邓小平还是没有说。

过了几天，父亲又把邓小平喊来，摸着他的头，温和地问：“孩子，你告诉爸爸，你要那么多钱干什么用啊？”邓小平这才将送钱给同学妹妹治病的事情一五一十地告诉了父亲。邓小平的话还没有说完，父亲便一把将儿子搂在了怀里，并连连称赞他做得对。接着，邓绍昌又问：“孩子，你为什么挨打的时候不说清楚呢？那样的话，爸爸就不会打你了。”

邓小平仰起头认真地说：“不管怎样，不经家长同意就拿家里的钱总是不对的！”父亲又问：“我打疼你了吧？”邓小平说：“没有。将来我有能力挣钱了，我还要帮助别人。”听了这话，邓绍昌疼爱地抚摸着儿子手上还没有消退下去的道道血痕，心里不免为自己的冲动感到后悔。此时，他突然感到儿子长大了。他也更加坚定了对儿子的信心，对邓小平倾注更多的关心和爱护，无论家境如何变化，他始终努力供儿子上学。

回声角

邓小平为“希望工程”捐款

为了让失学的孩子都能重返校园，1989年10月30日，中国青少年发展基金会决定设立救助贫困地区失学少年基金，长期资助我国贫困地区品学兼优而又家庭困难的失学孩子，以让他们重新获得受教育的机会。这项救助活动被命名为“希望工程”，它得到了党和国家领导人和老一辈革命家的赞许和支持。当活动发起人找到邓小平希望他为活动题词时，邓小平欣然同意，挥笔写下了“希望工程”

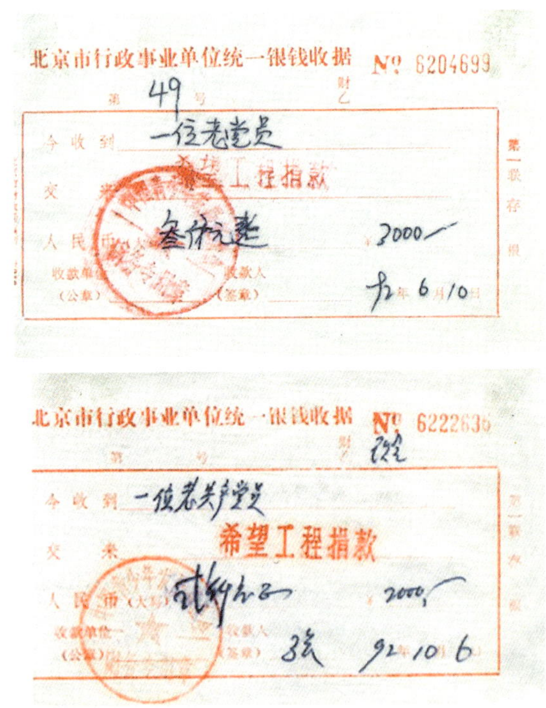
北京市行政事业单位统一银钱收据 №6204699
第 49 号
今收到 一位老党员
交来 希望工程捐款
人民币（大写）叁仟元整 3000—
收款单位（公章） 收款人（签章） 92年6月10日

北京市行政事业单位统一银钱收据 №6222636
今收到 一位老共产党员
交来 希望工程捐款
人民币（大写） 2000
收款单位（公章） 收款人（签章） 92 10 6

1992年，邓小平分别以“一位老党员”“一位老共产党员”的名义为“希望工程”捐款的收据四个大字。邓小平退休后仍心系青少年的发展。1992 年 6 月 10 日，他让工作人员到中国青少年发展基金会，以“一位老党员”的名义，向“希望工程”捐款 3000 元人民币，用以救助那些因贫困而失学的孩子。10 月 6 日，他再一次以“一位老共产党员”的名义向“希望工程”捐赠 2000 元。

邓小平曾讲过，“孩子是未来，是希望”。邓小平两次为“希望工程”捐款都饱含着对孩子们的殷切关怀，对国家的一片深情，对人民的无限赤诚。

相信科学

旧时中国民间迷信盛行，这都缘于人们对科学知识的缺乏。读书期间，邓小平在开明教师的教导和熏陶下，爱学习、爱思考、信科学、反迷信，生活中还常常对身边的封建迷信愚昧思想进行反驳，引导大家用科学的精神和方法解决问题。

1915 年，11 岁的邓小平考入了广安县立高等小学堂。广安县当时只有这一所高等小学堂，而且每年也只招收一两个班，每班只有 20 多个学生。邓小平能考进这所高等小学堂是很不容易的，这是他平时刻苦学习的结果。

邓小平进入广安县立高等小学堂学习，接受的知识越来越多，懂得的道理也越来越多。随着年龄的增长和科学知识的扩充，邓小平对周围事物的认识越来越客观全面，也越来越讲科学。

邓小平所在的班上有一位同学叫李再标，和邓小平比较要好。

广安县立高等小学堂旧址

李再标家里比较富裕，平时经常接济一些家庭条件不好的同学，所以，大家都很喜欢他。

有一次，邓小平一连三天都没有见李再标来学校，有同学告诉邓小平：“听说是他母亲病了，他在家照顾母亲呢。”邓小平若有所思地答应了一声，慢慢地回到自己的座位上，心想：他母亲病了一定会有家里人照顾，他好几天都不来学校上课，落下这么多功课很难补得上来呀。

放学后，邓小平来到李再标家里，想劝他尽快回到学校上课。见到李再标才知道不久前他母亲得了重病，卧床不起，李再标的父亲请了很多郎中来家里，花了很多钱也没有治好。邓小平知道这些情况后也很着急，也替李再标伤心。临走的时候，他拉着李再标出了房间，来到大门外，劝李再标说：“你母亲生病了，我知道你很伤心、很着急，但这没有什么用啊！你家里人会照顾好你母亲的，你要赶紧回学校去上课，不然落下的功课很难再补得上来。等你母亲的病好了，看到你的功课却落后了，她会很伤心的。”李再标说：“我知道你说得很对，但是现在我也没有心思去学校上课啊，还不如在家里帮忙照顾母亲呢。”看劝不动李再标，邓小平只好一个人返回了学校。

李再标眼看着躺在床上的母亲日见消瘦，非常着急。他平日里读了不少古代离奇古怪的行孝故事，尤其对有人用自己的肝脏治好父母的疾病的坊间传闻印象深刻。他也认为，只要割下自己的肝给母亲吃，母亲的病自然就会好了。为了表达自己尽孝和救治病重母亲的决心，李再标竟然决定割肝救母，幸亏被父亲及时发现并阻止了。父亲急忙请人对他的伤口进行了处理，所幸没有造成严重的后果。

邓小平听同学说后，马上前去李再标家探望。他问明了事情的原委后严肃地对李再标说："肝子是药物吗？能治好你母亲的病？你割了肝后还能活命吗？你是有科学知识的学生，再也不能做这样的事情了。"

李再标说："我听说肝子能救人。母亲吃了很多药也没有什么好转，我实在是没有别的办法了，就想试试看用这个法子能不能治好母亲的病。"

邓小平说道："我知道你很爱自己的母亲，很有孝心，但是你有没有想过，这样做是没有科学道理的。你这样做的结果是既救不了你的母亲，自己也会受到伤害。现在，你母亲重病在身，如果你割肝而死，你母亲一定会为你的死而伤心，不但病不会好，反而会加重，这样，你不但没有尽孝，而且是最大的不孝。"

邓小平这番直率而又入情入理的话说得李再标羞愧无言。他见李再标已经认识到了自己的错误，缓了缓口气，耐心地安慰说："你也是读新学的学生，要相信科学，今后再不要做这样的蠢事了。

邓小平开导李再标要相信科学（绘画）

现在，你也受伤了，就好好在家养伤吧，顺便也可以在家照顾你母亲。”

后来，在大家的努力和李再标家人的悉心照料下，李再标母亲的病情慢慢有了好转。不久，李再标也返回学校上学了，邓小平还帮助他把落下的功课补上。为此，李再标十分感激邓小平，两人一直保持着很好的友谊。

邓小平相信科学、能言善辩开导李再标的事受到了大家广泛赞扬，一直被广安县立高等小学堂的师生传为佳话。

回声角

尊重知识，尊重人才

20世纪后半叶，世界面貌日新月异，科学技术突飞猛进。国与国之间综合国力的竞争越来越表现为科学技术的竞争。可以说，谁掌握了科学技术的制高点，谁就赢得了竞争的主动权。作为中国社会主义改革开放和现代化建设的总设计师，邓小平高瞻远瞩，深感知识和人才的重要。“文化大革命”结束后，在邓小平主持决策和直接推动下高考制度得到恢复，1977年冬天进行了高考制度恢复后的第一次考试。邓小平以历史的眼光一锤定音，“靠空讲不能实现现代化，必须有知识，有人才”。他认为：“我们要实现现代化，关键是科学技术要能上去。”“人才不断涌现，我们的事业才有希望。”1995年，党中央、国务院召开全国科学技术大会，首次正式提出实施科教兴国发展战略。尊重知识、尊重人才成为时代和国家的最强音，中国教育逐步进入快速发展的轨道。

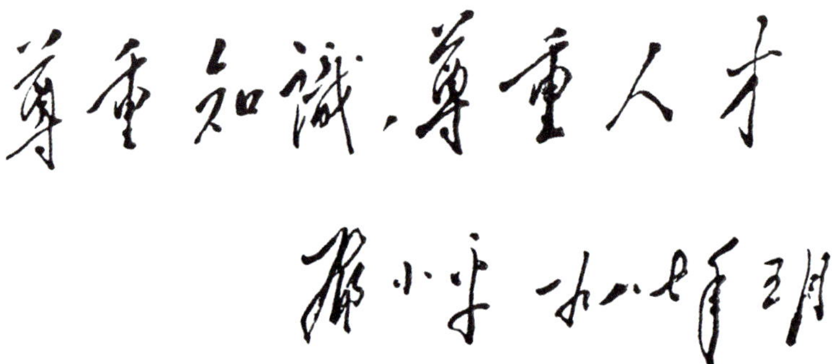

邓小平的题字

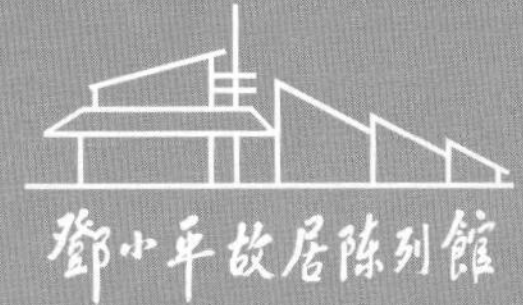

第二篇

追求真理　矢志不渝

邓小平16岁时远渡重洋勤工俭学，寻求救国救民的真理。他曾说：“中国共产党的第一批创始人中有相当数量的人是在法国受教育的，这包括社会知识的教育。我曾在法国待过五年零两个月，在工厂做工近四年。”然而，资本主义社会的残酷现实打碎了莘莘学子的美好愿景，邓小平和同学们深深体会到生活的艰辛。在周恩来等人的影响下，邓小平接受了马克思主义，加入中国共产党，从此矢志不渝，为党和人民的事业奋斗了70多年。

考入广安中学

俗话说“好男儿志在四方”，少年邓小平早早立志，表现出积极的进取精神和想要做出一番事业的壮志雄心。在广安县立中学学习的经历大大拓宽了邓小平的视野，和不少青年学生一样，邓小平也认为国家贫穷落后的原因就是工业文明的落后，渴望有机会去工业发达的国家学点本事，回来办工业为国家富强出力。

1918 年夏，邓小平考入位于县城西秀屏山下的广安县立中学（今广安中学）读书，这是当时广安的最高学府。来之不易的学习机会，让他倍感珍贵，总是求知若渴，竭尽全力地学习。在校期间，邓小平成绩优异，一手毛笔字，写得刚劲有力。他平时话不多，但语言很幽默，深受同学们的喜爱。

邓小平就读的广安县立中学办学民主，治学严谨，尤其重视爱国教育。学校开设的课程更是比广安县立高等小学堂多得多，

20 世纪 30 年代的广安县立中学校

主要有修身、国文、历史、地理、数学、博物、化学、物理、体操等。邓小平一边读书，一边从当时的有关新文化运动的杂志里汲取营养。他逐渐认识到，要做一名跟上时代发展的新青年，首先要身体健康，思想活跃，精力充沛，从而达到“内图个性之发展，外图贡献于其群”（1916 年陈独秀所提出的“新青年”的标准）的境界，认认真真地读书，实实在在地学本领，用以报效国家。

当时学校里有一位教物理的老师叫曾树森，是一位上过洋学堂的新式秀才，他上课经常会拿一些翻译过来的国外教科书来扩展大家的知识。有一次，曾老师在课堂上给学生们带来一个电灯泡，他向同学们展示之后，询问大家："有谁能告诉我这个叫什么吗？"课堂一下子活跃起来，大家小声地讨论着。"有知道的吗？"等了好一会儿，始终没有人能回答。于是，老师说："它叫灯泡，是西方国家第二次科技革命的重要发明，它比我们的煤油灯更亮，也更方便。近几年，他们还造出了横跨大洋的通信电缆和子弹都打不透的坦克。"

"电缆是什么？坦克又是干吗的？"同学们都投来好奇的眼光。老师说道："大家知道我们中国历史上曾经有很多科技发明都远超西方国家，但是现在中国却远远落后了，和西方有着三五十年的差距。"老师的话让同学们更为震惊了，课堂顿时也如静止了一样。"同学们，你们要好好学，不仅要在学校学习理论知识，有机会还要到校外甚至到西方国家去看看，今日落后不代表明日落后，对我们自己和国家要有期望。望我学业向上，望我文化开放，望我竿头日进，改善中华气象……"老师情绪高涨地说着，邓小平和同学们也心潮澎湃，他们自发地朗诵起梁启超先生的《少年中国说》："……故今日之责任，不在他人，而全在我少年。少年智则国智，少年富则国富，少年强则国强，少年独立则国独立，少年自由则国自由，少年进步则国进步，少年胜于欧洲则国胜于欧洲，少年雄于地球则国雄于地球。……"这豪情壮志般的语言让学生永志不忘。改善中华之气象便成了邓小平的远大志向，这使他更加明确了自己学习的动力。

渐渐地，诸如曾树森这样的进步教师在课堂上的讲授提高了邓小平的爱国觉悟。伴随新文化运动产生的巨大影响，《新青年》和《晨报》等报刊在广安县立中学师生中广泛流传，这让许多小城青年学生对新思潮产生了极大兴趣。

新青年
LA JEUNESSE
要目
第六卷第五號
上海群益書社印行

《新青年》杂志

正当邓小平努力学习，寻求救国的真谛时，震惊全国的五四运动爆发了。不久，广安县立中学响应全国学生爱国运动，成立了广安学生爱国分会，并发出公告：“国家兴亡，匹夫有责。”之后，广安县立中学组织了大规模的罢课和示威游行，整个广安县城群情激昂。

邓小平和同学们再也坐不住了，大家纷纷参加到抵制日货、声援五四运动的活动中。运动的烈火越烧越旺，罢课、罢市、抵制日货的爱国声浪越来越高。在轰轰烈烈的运动中，夜以继日奔忙的邓小平不仅在思想上更加成熟起来，而且还学到了许多书本上学不到的东西。他精神逐渐充实，感受一步步加深。他在这场运动中看到了中国人民团结的力量，也看到了中国明天的希望。

当时，学校已无法平静地教学，加之暑期临近，邓小平的母亲到校将他接回家中。而广安县立中学也成了邓小平在家乡就读的最后一所学校，等待他的将是改变人生的漫长旅程。

回声角

广安县立中学

广安县立中学于 1912 年创办。1918 年夏，邓小平考入广安县立中学，就读于第十班，学名邓希贤。在县城的新式中学里，邓小平过着集体寄宿制生活，只有周末才能踏上回家的青石小道，其他时间和心思全用在了学习上。1919 年 9 月，15 岁的邓小平离开广安县立中学前往重庆留法勤工俭学预备学校学习。除邓小平以外，从广安县立中学还先后走出了一大批杰出校友，如与邓小平一同前往法国的胡伦，广东省委原书记刘田夫，原地质部副部长谭申平，原文化部副部长吴雪，邓小平的胞弟、湖北省原副省长邓垦等。

留法预备学校

1919 年，五四运动前后，中国兴起留法勤工俭学的热潮，这是青年知识分子寻找救国救民道路的一次伟大尝试。在当时的四川，诸多先进人物致力推动留法勤工俭学的发展。由中国同盟会会员、革命家吴玉章倡导，创办了重庆留法勤工俭学预备学校。邓小平在父亲邓绍昌的鼓励下考入这所学校。

1919 年 9 月，15 岁的邓小平与族叔邓绍圣、同乡胡伦等同学乘坐一艘货船从广安东门口码头出发，迎着风景如画、波涛滚滚的渠江，最终到达重庆的朝天门码头。重庆位于长江和嘉陵江的交汇处，是一座美丽的山城。来到重庆这个大城市求学，让从未出过远门的邓小平激动不已。

在重庆留法勤工俭学预备学校，邓小平是班里年龄最小的学生，一年的勤奋学习与参加爱国运动，为他以后走上革命道路奠定了坚

邓小平（右）与邓绍圣的合影

实的基础。1919 年 9 月，重庆留法勤工俭学预备学校正式开学。学校由重庆商会会长汪云松任董事长兼校长，校址在重庆夫子祠内，共招收学生 100 余人。学校的招生分为公费生和自费生两种，入学时均要参加学校的考试，邓小平、邓绍圣和胡伦都顺利通过了考试，邓绍圣还取得公费生资格，邓小平和胡伦则为自费生。

在当时的重庆，这所留法勤工俭学预备学校，算是一所高级别的学校了，入校学生必须是中学毕业或具有同等学历者。当时，

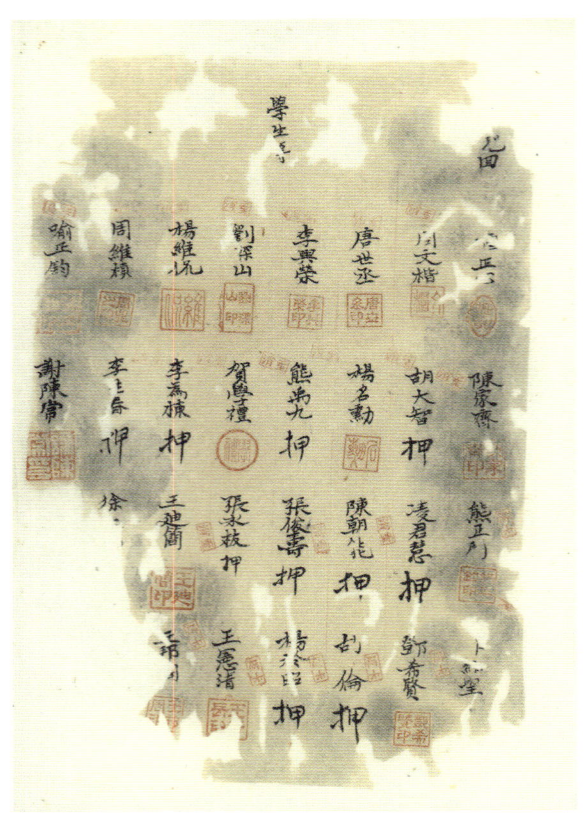

重庆留法勤工俭学预备学校赴法学生代表名册（局部）

根据文化程度，重庆留法勤工俭学预备学校分为高级班和初级班。凡是中学已经毕业的学生被分到高级班，其余的则被分到初级班。邓小平因中学只读了一年，被分到初级班，所学的课目有法文、代数、几何、物理、中文和工业常识。学校要求学生到毕业时都要粗通法语，并掌握基本的工业技术知识，为以后到法国工作和学习打下基础。由于时间短、任务重，学校聘请的教员都是思想进步、具有新知识和丰富教学经验的人，尤其是法语教员更是精挑细选出来的。

要在一年内学习掌握并粗通法语，可不是那么容易的事。对于法文零基础的邓小平来说，压力和困难可想而知。但他明白，现在打好法语基础，以后到法国工作、学习的障碍就会少一点儿。因此，他不敢有丝毫懈怠，将作息时间做了精心安排。上课前，他预习老师讲的新课，标出难点；上课时，他认真听讲，做好课堂学习笔记；课后，他还花较长时间进行复习。邓小平刻苦钻研、孜孜不倦的学习态度令老师和同学们感到钦佩。

校长汪云松支持学生参加爱国运动，邓小平和其他学生在学习之余还积极参加政治活动。他们走出课堂，走向街头，参加集会，散发宣传单，并奔走疾呼同胞抵制日货。但是，大量的宣传单由谁来负责书写呢？由于邓小平童年时期接受过私塾严格的写字课训，练就了一手漂亮的毛笔字，这活自然就非他莫属了。

1919 年 11 月，重庆警察厅厅长郑贤书自恃特权，竟挪用公款廉价购进日货 80 多箱。在重庆的大街上，邓小平和同学们一起参加了抵制官员贩购日货的活动，他们组成了一支浩浩荡荡的游行队伍来到警察厅外示威，强烈要求郑贤书交出日货。郑贤书一开始躲着不见学生，学生们就把警察厅紧紧围住，到了晚上也不撤离。学生们的爱国行动，得到市民的声援，他们还给学生送来稀饭、馒头等食物，表达慰问之情。最终，郑贤书同意交出日货。学生们把缴获的部分日货运到朝天门焚毁，大家看着这批日货在熊熊烈火中烧成一堆灰烬，更加坚定了救国的决心，此时胜利的欢呼声在朝天门不断响起。在各地进步势力的强烈要求下，郑贤书被四川当局免去厅长的职务。学生们的斗争取得了完全胜利。

1920 年 7 月 19 日，重庆留法勤工俭学预备学校在重庆总商会

盎特莱蓬号邮船

礼堂举行毕业典礼。随后，重庆留法勤工俭学预备学校的 82 名学生经过考试和体检被批准前往法国，其中邓小平等 38 人为自费留学生。8 月 27 日，留学生们高兴地登上法商的吉庆号客轮沿长江驶往上海。而后，他们在华法教育会的协助下订购船票、办理出国手续。9 月 10 日，邓小平和他的同学们冒着大雨，登上了法国邮船盎特莱蓬号。邓小平和同学们凭栏远眺，透过迷蒙的雨帘，只见吴淞口外白茫茫一片，黄浦江边的高楼大厦朦朦胧胧。他们明白这里就是即将远离祖国、漂洋过海的起点，邮船将把他们送到一个非常陌生的地方去。

回声角

重庆留法勤工俭学预备学校

重庆留法勤工俭学预备学校的前身是巴县中学和四川省立第二女子师范学校，创建于 1907 年，革命前辈张闻天、萧楚女曾在此执教。邓小平留法前在此就读时，该校名为重庆留法勤工俭学预备学校。这些青年赴法时，年龄多在 20 岁上下，而邓小平当时只有 16 岁。带着一副稚气未脱模样的他，怀着朴素的“工业救国”的爱国思想，远渡重洋寻找救国道路。

赴法开启新篇

经过一个多月的海上航行，邓小平和同学们最终到达了法国。一路上他们亲眼见到了资本主义国家的繁荣，也看到了资本主义国家的黑暗与腐朽。邓小平看着这些，心中有说不出的滋味。到达法国后不久，大家的新鲜感和好奇感已经荡然无存，面对异国他乡生活的艰难，邓小平他们该怎么办呢？

1920年10月19日，盎特莱蓬号邮船终于抵达了法国的马赛港码头。邓小平和同学们看着港口停靠着的巨轮，海面上穿梭的帆船，岸上精美的欧洲建筑，感觉一切都是那样的新鲜、新奇，也是那样的陌生。

负责接他们的是华法教育会留学生办事处，办事处的负责人刘厚专程从巴黎赶来迎接这批留学生，并向他们致欢迎辞。刘厚把大家带到码头外的广场上，他站到高高的台阶上，满面笑容地

法国马赛港

对他们说道：“同学们，你们一路辛苦了，你们漂洋过海来到法国勤工俭学，赤心可嘉，精神感人。你们不是游子，今后，华法教育会就是你们的家。在生活、学习中有什么困难，华法教育会一定会尽全力帮助你们解决的……”

随后，刘厚带着这批留学生分乘4辆大客车，经过16个小时的颠簸来到法国的首都巴黎。车队沿着香榭丽舍大街缓慢行驶，两旁是典雅辉煌、气势雄浑的古典建筑。大家都在尽情地聊着欧式建筑和异国风情，只有邓小平默默无语。看到邓小平心事重重的样子，与他同来法国的族叔邓绍圣问道：“怎么不说话啊？刚到法国就想家了吗？”邓小平说道：“不是，我想明白了，怪不得洋人欺负我中华，是因为我们自己太落后。从今往后，我们要发愤图强，学好本领，救国救民。”邓小平的一番话语，让邓绍圣也多了几分沉思。

车队在凯旋门前停了下来，一个中国青年走了过来。那青年举止沉稳，英姿勃发，浑身充满着朝气。刘厚让司机把车门打开，把青年迎上来向大家介绍说：“这位是你们的学长聂荣臻，比你们早一年来到法国，他也是专门来巴黎迎候你们的。”聂荣臻上车后，车队继续向前行驶。

聂荣臻向大家介绍了凯旋门的历史，以及法国的一些情况。听了聂荣臻的介绍，同学们议论纷纷。

聂荣臻转过脸问刘厚：“哪位是邓希贤？”

刘厚说：“我还不认识，还没来得及问呢。”

听到聂荣臻提到自己，邓小平赶忙站起来说：“我是。”

聂荣臻走到邓小平身边，握住他的手说：“你是广安的，16岁，是这批学弟里年龄最小的，对吧？”

邓小平说：“学兄怎么知道我？”

聂荣臻说：“是汪云松校长来函告诉我的。他还要我多多照顾你呢！”

邓小平高兴地说：“我也知道你，你是四川江津的，我在预备学校学习的时候，你到过重庆，找汪校长办过护照。”

聂荣臻说：“对啊，对啊，在学校的时候，汪校长经常帮助我们解决一些难题，我们到法国留学时，他也帮了不少的忙啊！”他转身面向大家继续说道：“同学们，你们来到了法国，但你们知道法国的国土有多大吗？”

邓小平说道：“是55万多平方千米吧？”

聂荣臻说：“对，那你知道我们四川省的面积是多少吗？”

邓小平说：“大概是56万平方千米。”

聂荣臻大声地说：“非常正确，法国国土面积还没有我们一

邓小平在法国留影

个四川省大呢，可法国的实力比我们整个中国都强大，这其中的原因是什么呢？是科学技术，这也是我们来法国学习的主要目的。”

同学们的情绪被点燃了。大家紧握拳头，纷纷表示，一定要在法国学好本领，将来能够报效国家。

在巴黎没作过多停留，邓小平和其他 20 多名同学来到了距巴黎 200 多千米之外的小城巴耶，开始了寄宿制学习生活。

回声角

巴耶中学短暂的学习经历

1920 年 10 月 22 日，邓小平和同学们正式在巴耶中学注册，学校为这批中国学生专门开设了补习法文的课程。后来，因家里无力寄钱，邓小平失去了经济来源，交不起学杂费和食宿费。在这种情况下，邓小平在法国真正的学习生活仅仅持续了 5 个月。之后，他便开始了长达 4 年的艰苦勤工之路。邓小平后来回忆，学校待他们像小孩子一样，每天很早就要上床睡觉。才上了几个月，没学什么东西，吃得却很坏。

巴耶中学

初尝生活艰辛

邓小平和同学们由于没有技术，只能到工厂干一些力气活。然而，就算拼命干，邓小平他们一天也只能挣10法郎，连维持基本生活都很困难。他先后做过轧钢工、制鞋工、钳工等工种，亲身体验了资本主义制度下劳动人民的艰苦生活，体验了受压迫、受剥削的滋味，对资本主义有了切身体会和深刻认识。

1921年4月2日，邓小平和几个同学经介绍来到了法国南部城市克鲁梭的施耐德钢铁厂打工，这是当时法国最大的军工厂，包括铁道、机械、造炮、冶铁、建筑、翻砂、电气等部门。邓小平被分配到轧钢车间做杂工。

轧钢车间的工作就是把高炉里熔融的钢水先铸成钢锭，再轧成钢板。这项工作不需要专业技术培训，但劳动强度极大，而且常伴有危险。工人需要在40多摄氏度高温的车间里，不停地用长把铁钳夹着几十公斤重的钢条快跑，如果不小心摔在热轧的钢材上，身体就会被烫伤。当时，年仅16岁的邓小平就是在这样的环境中，每天忍着酷热，咬紧牙关，吃力地拉着炽热的钢条来回穿梭，一天下来浑身像散架一样，疲惫不堪，连饭都吃不下。工人们每周工作时间长达50多个小时，还常常加夜班。在这个工厂里，中国学生的工资十分微薄。当时的邓小平尚未成年，而按照法国的规定，不满18岁的只能当杂工，而杂工工资更为低廉，每天只有不到10法郎，连吃饭都不够。但这仅是身体上的劳累，更令他和同学们无法忍受的是法国工头对他们的欺辱和歧视。工头时时刻刻都在监视着大家劳动，稍不满意，就破口大骂，甚至拳脚相加，还以开除相威胁。

在这样的环境下，不到一个月，与邓小平一起来的勤工俭学的学生少了一大半。邓小平也由于不满工头的无理谩骂，常常和他们争论。不等被辞退，邓小平就离开了施耐德钢铁厂。结账的时候，工厂不但不给邓小平工资，反而还要他赔偿违约金。后来，邓小平在谈起这20多天的轧钢生活时说，在施耐德钢铁厂做了近一个月的苦工，赚的钱连饭都吃不饱，还倒赔了100多法郎。这段苦工生涯虽然短暂，但对于邓小平来说是一段重要的经历，他初次体会到了资本主义制度下劳动人民的艰辛。同时，这段时间的雇工生活，也使他对现代化产业有了初步认识，并亲身体验到工人阶级受剥削、受压迫的悲惨境遇。

为了继续勤工俭学，1921年10月22日，邓小平受雇于香布朗工厂，工种是扎花工，就是用薄纱和绸子做花，然后把花扎在一根铁上。报酬很少，大约扎 100 枝花才得 2 法郎，熟练工每天才挣得 10 多个法郎，但每人每天要做 600 到 700 枝花才能勉强维持生活。邓小平和工厂同伴们头也不抬拼命地工作，这样低收入的工作也只维持了十几天，邓小平再次失业。

此后，邓小平碰上什么就做什么，哪里有活就去哪里干，所得收入仅能勉强糊口，当时一块羊角面包和一杯牛奶对邓小平来说就是很奢侈的享受了，很多时候每天只吃两顿饭，主要是面包和水。邓小平后来回忆说，自己的个子小，就是因为年轻时吃不好，又干了重劳动。

1922 年 2 月 14 日，邓小平经人介绍又前往蒙达尔纪寻求新的出路——在哈金森橡胶厂的胶鞋车间干活。在这里，他每天劳动 10 个小时，可得十五六个法郎。在工棚里，邓小平精力充沛、睿智乐观，有时还和大家开个玩笑。尽管如此，邓小平并没有忘记自己来法国勤工俭学的目的：学习外国先进文化和科技知识。在哈金森橡胶

Nom : Teng
Prénoms : Ho Hien
Nº d'Entrée : ~~4088~~ 5370
Dates de Naissance : 12 juillet 1904
Entrée : 2 février 1923
Sortie : 7 mars 1923
Atelier : Chaussures

邓小平在哈金森橡胶厂的档案卡，上面有人事部门的附注：辞职不干，不再雇用

厂打工攒下一点钱后，邓小平便辞去了胶鞋车间的工作想继续求学，并于当年 11 月 3 日离开哈金森橡胶厂到达巴黎地区的夏蒂雍市，打算进入一所中学学习，但由于学费太高，这次他依然没有如愿。至此，邓小平希望通过勤工来达到俭学的梦想最终没能实现。求学不成，为了生活邓小平只好继续前往工厂打工。邓小平后来回忆说，用勤工方法来俭学，已不可能。做工所得，糊口都困难，哪还能读书进学堂呢？于是，那些“工业救国”“学点本事”的愿望，变成了泡影。

1925 年 11 月 6 日，邓小平进入巴黎近郊的雷诺汽车厂当钳工，这是他在法国从事的唯一一项带有技术性的工作。此时的他已经 21 岁，能说一口流利的法语，可以接触到部分图纸和简单的工艺

雷诺汽车厂车间

技术。

1974 年，邓小平赴美国纽约出席联合国大会途经巴黎时，还特意请人帮忙购买了羊角面包、奶酪等食品，并带回国给了周恩来。留法生活的难忘经历给他一生留下了深刻的记忆。

回声角

邓小平留法勤工俭学时期的工卡

1997 年 5 月，法国总统希拉克访华时送给江泽民同志一件国礼，并说是新发现的首张邓小平留法档案材料，这就是邓小平 1921 年留法勤工俭学时期在施耐德公司的工卡。后来，江泽民同志把这张工卡又送给了邓小平的夫人卓琳。在 2004 年邓小平诞辰 100 周年纪念日之前，卓琳又把它作为中法两国友好交往的历史物证赠送给邓小平故居陈列馆展出。

工卡上用法语标注“工卡号：07396；姓名：邓希贤；来厂日期：1921 年 4 月 2 日；年龄：16；出生日期：1904 年 7 月 12 日（农历）；职业：学生；人员等级：c；服务部门：轧钢车间；工作能力：很好；日薪金：六法郎六十生丁”等字样。

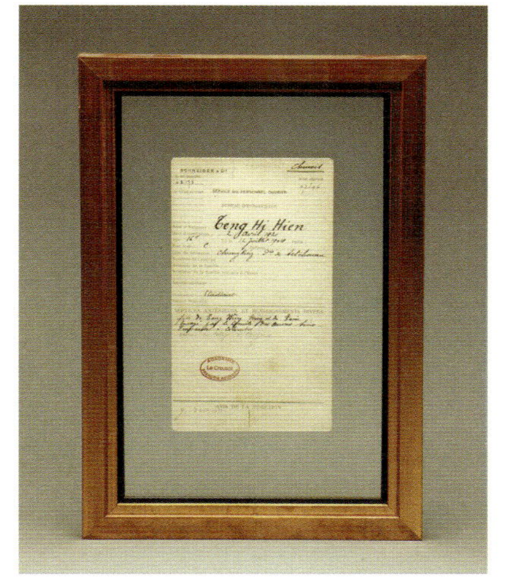

1921 年邓小平留法勤工俭学时期的工卡

走上革命道路

在异国他乡，邓小平和一批先进的中国留学生开始接受马克思主义，并踏上了一条红色的革命道路。1985 年 8 月，邓小平会见法国外长迪马时说：“中国共产党的第一批创始人中有相当数量的人是在法国受教育的，这包括社会知识的教育。我在法国待过五年零两个月，在工厂做工近四年。我同工人关系很好，但你们的资本家也教训了我，使我和我们这批人员受到教育，走上了共产主义道路，并信仰马列主义。”

1922 年 6 月的一天，在巴黎西郊的布罗尼森林中，18 位中国青年围坐一圈，讨论着一个关乎中国革命的重要议题。

为了给一个组织命名，大家纷纷议论起来，有的赞成叫“旅欧中国少年共产党”，有的觉得“旅欧中国少年共产团”好。最后，大家通过举手表决，同意叫“旅欧中国少年共产党”。18 位代表互相对视了一下，激动地鼓起掌来，他们轻声地欢呼：“中国少共万岁！”

法国街区

紧接着他们选举出了旅欧中国少年共产党的领导机构。根据选举结果，赵世炎出任书记，李维汉负责组织，周恩来负责宣传。

会议的最后议程是宣誓。18 名代表一起站起来，举起右手，宣读了入党誓词。

就这样，旅欧中国少年共产党正式成立了。

为了发展和扩大组织，旅欧中国少年共产党决定培养和发展一批政治觉悟较高的同志加入。邓小平就是其中一位合适的培养和发展人选。

一天，邓小平正在工厂工作，忽然发觉有一个贵州口音的人在他背后轻声地呼唤他。

邓小平回过头来，见一位面带笑容的青年正低头看着他。邓小平打量着这位青年，疑惑地问道：“你是新来的吧，我怎么不认识你？”

那位青年点点头，认真地说：“恩来同志要我向你问好。”

邓小平欣喜地问：“周恩来在哪里？我能见他吗？”

青年说：“你将来会有机会见到他的。现在，我想跟你说一件事。”

邓小平静静地看着他，专注地听他讲话。

青年说：“我看出来了，你年纪虽小，却有抱负。我们跑到法兰西来不是为了吃苦，也不是为了享福，是为了中国的劳苦大众寻求解放的真理。”

邓小平说：“我就是这么想的，但是现在却不知道出路在哪里。”

青年说：“那就好，我们志同道合。出路一定会有的。告诉你一个消息，不久前，旅欧中国少年共产党成立了，我们已经考察过你了，到时候会有我们的两个同志做你的介绍人，他们会联系你的。”

邓小平听到旅欧中国少年共产党成立的消息后非常激动，他多么希望自己能马上成为其中的一员。后来，邓小平才知道这位青年就是王若飞。

随后，邓小平毅然向旅欧中国少年共产党提出了申请，经过严格的考核程序后，组织决定接受邓小平的申请。1922 年夏，在巴黎郊外一片草坪上，邓小平庄严地举起了右手，加入了旅欧中国少年共产党，成为当时最年轻的成员。从这个时刻起，邓小平不再是一个孤立的个人，他把自己的命运与国家、民族的前途紧密结合起来，拉开了他长达半个多世纪辉煌革命生涯的序幕。

1923 年 2 月，旅欧中国少年共产党更名为旅欧中国共产主义青年团，并归属国内的中国社会主义青年团，成为其旅欧支部。

回声角

邓小平的入团介绍人

1993年，邓小平的小女儿邓榕在所著的《我的父亲邓小平》中引用了邓小平本人的话，并提到了邓小平入团介绍人："我在法国……从自己的劳动生活中，在先进同学的影响和帮助下，在法国工人运动的影响下，我的思想也开始变化，开始接触一些马克思主义的书籍，参加一些中国人的和法国人的宣传共产主义活动的集会，有了参加革命组织的要求和愿望。"终于在1922年夏季邓小平被吸收为旅欧中国共产主义青年团（加入时被称为"旅欧中国少年共产党"）的成员，入团介绍人是萧朴生、汪泽楷。

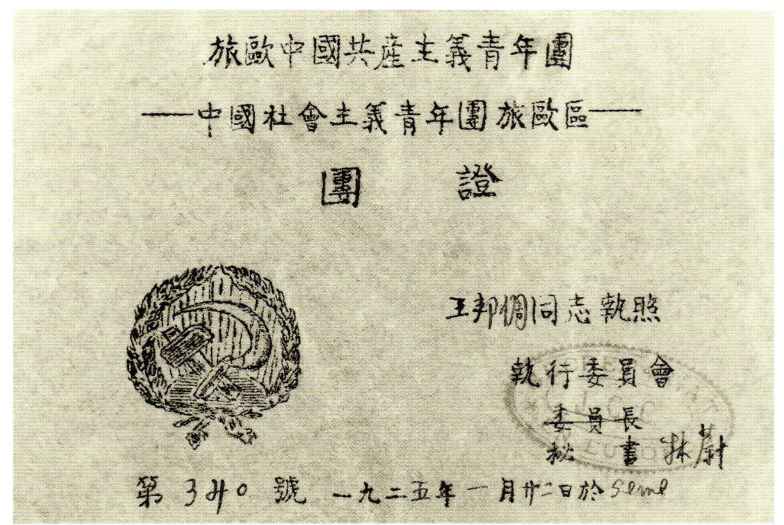

旅歐中國共產主義青年團

——中國社會主義青年團旅歐區——

團　證

王邦倜同志執照

執行委員會

委員長

秘　書　林蔚

第3[illegible]0號　一九二五年一月廿二日於Seine

旅欧中国共产主义青年团团证（样证）

赤光照亮未来

在法国，邓小平接受了革命思想，加入了革命组织，完成了从进步青年到革命战士的转变，在他辉煌的革命生涯中留下了浓重的一笔。他的革命工作是从油印开始的，他刻写的文字字里行间无不透露出这位年轻人对理想信念的坚毅追求。

邓小平在哈金森橡胶厂工作期间结识的王若飞、赵世炎等人，在当时都是刚成立不久的旅欧中国少年共产党成员。18 岁的邓小平很快通过他们了解到了越来越多的关于马克思主义的学说。

1922 年 8 月 1 日，旅欧中国少年共产党机关刊物《少年》创刊。1924 年 2 月 1 日改名为《赤光》，周恩来、李富春负责撰稿、编辑和发行，邓小平、聂荣臻、陈毅等人也都参与到编辑杂志的相关工作中。在周恩来的领导下，几位革命战友分工协作。他们经常是白天做工，下班后便匆匆赶到《赤光》编辑部。每当夜幕

《赤光》杂志封面

降临，大家就挤在10平方米不到的房间里，在昏暗的灯光下，一起进行开会、讨论、写稿、刻写、油印、装订等一系列工作。在法国的这段时间，邓小平和周恩来来往密切，工作在一起，也住在一起，他们建立了深厚的友谊。邓小平一直很敬重这位领导，钦佩他坚定的信念、敏锐的思维、温文尔雅的风度，也从他身上学到了很多东西。1980年，邓小平谈到周恩来时还深情地回忆，他与周恩来认识很早，在法国勤工俭学时就住在一起。对他来说周恩来始终是一个兄长。他们差不多同时期走上了革命的道路。

邓小平是编辑部最年轻的成员，大家对他特别照顾。每当工作到深夜的时候，同志们肚子都饿得咕咕作响，大家都强忍着，都想把面包让给其他同志。有一次邓小平加班到很晚，周恩来看到他很疲倦，又很饿的样子，关切地对他说："希贤弟，我看你今天晚上没怎么吃东西，那边桌上还有一些面包，你去吃了吧。"邓小平立即推辞，这时，周恩来又帮他接来了一杯自来水。邓小平心里很明白，在凌晨一点的这个时候，大家都是又困又饿。于是，他只吃了一小块，把剩下的面包又分给了其他同志，说：“我们大家都吃一点儿，垫垫肚子，打起精神接着干。”此时，这个小房间里每位同志的疲惫感瞬间消失大半，编辑部里又重新洋溢出一股热火朝天的干劲。

邓小平白天在工厂做工，晚上负责《赤光》的刻写、印刷和装订工作。那些刻写在蜡纸上的字迹一看就知道是邓小平留下的，同他的个性特点一样，字体既匀称工整又美观大方，版面印刷得清晰、洁净，就连装订工作也非常注意细节，简洁雅致。他认真的工作态度和出色的工作成绩，给同志们留下了深刻的印象。每期刊物印制出来后，大家都赞不绝口，亲切地称他为“油印博士”。这个雅号在留法的中国学生中不胫而走。他还以本名和化名发表了许多充满激情、笔触尖锐的文章，积极而真诚地抒发革命观点，在勤工俭学的留学生和华工中产生了很大的影响。

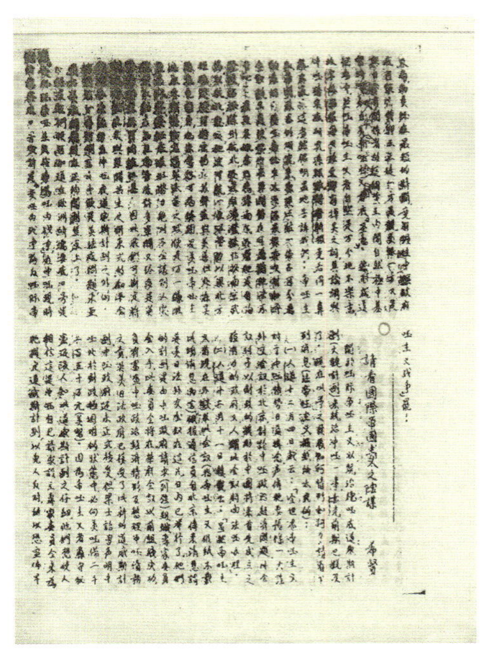
請看國際帝國主義之陰謀
希賢

邓小平在《赤光》杂志上发表的《请看国际帝国主义之阴谋》

回声角

邓小平与《赤光》

《赤光》杂志封面上曾有一个振臂呐喊的少年，他赤身一人，无牵无挂；他手持号角，高擎旗帜；他背靠光芒四射的赤光，脚踩无边无际的山川，极好地表现出了旅欧中国共产党成员们的风貌和气质。

1924年2月《赤光》杂志正式出版后，邓小平和周恩来、李富春等人在《赤光》杂志上发表了许多文章，进行革命宣传。其间，邓小平以本名和化名写过许多充满激情的战斗檄文，如《请看反革命的青年党之大肆其捏造》《请看国际帝国主义之阴谋》和《请看〈先声〉周报之第四批造谣的新闻》等，他的笔触尖锐、泼辣，富有强烈的战斗性。在编辑部全体同人的共同努力下，《赤光》杂志办得生动活泼、形式多样；文章短小精悍，切中时弊，在留法勤工俭学学生和华工中具有很大的影响，被誉为“我们奋斗的先锋”和“旅法华人的明星”。

邓小平的弟弟邓垦回忆说，他参加革命，最早受的影响就是大哥寄回来的《赤光》，在大哥的直接影响下，走上了革命的道路。

忠诚的革命家

随着国内革命发展的需要，赵世炎、周恩来等一批旅欧党团骨干相继回国工作，新的旅欧党团领导集体迅速建立。年仅20岁的邓小平很快成为旅欧中国共产主义青年团的负责人之一，并正式加入了中国共产党。由此，邓小平的革命征程进入了一个崭新的阶段。

1924年7月16日，在旅欧中国共产主义青年团第五届执委会第一次会议上，邓小平当选为执行委员会书记局成员，根据中共中央有关规定，自动转为中国共产党党员。

不久后，由于以广东为根据地的国内革命运动迅速发展的需要，周恩来奉中央指示马上从法国直接坐船回国了。新的旅欧中国共产主义青年团继续深入勤工俭学学生和华工中，宣传马列主义，介绍国内国际革命形势，并同中国国民党右派和“中国青年党”

1924 年 7 月，出席旅欧中国共产主义青年团第五次代表大会的代表在法国巴黎合影。前排左一为聂荣臻，左四为周恩来，左六为李富春，最后排右三为邓小平

进行针锋相对的坚决斗争，成功地发起和组织了几次大规模的群众斗争活动。“中国青年党”在当时旅法华人中是一支较为活跃的政治组织。他们以《先声》周报为阵地，大肆宣扬“国家至上”，否定阶级斗争，并反对中国共产党的政治主张等。他们对中国共产党主张的国共合作以及建立反帝反封建的革命统一战线的革命路线，进行了无理的批判。为了笼络人心，他们施展一系列骗人的伎俩，蒙蔽了一些华人团体和留学生。为了戳穿他们的这些行径，邓小平连续撰写了《请看反革命的青年党之大肆其捏造》和《请看〈先声〉周报之第四批造谣的新闻》两篇文章，把“中国青年党”欺骗人的卑劣手段公之于众。到1924年末，包括“中国青年党”在内的一些政治团体逐渐淡出法国。

1925年春，邓小平来到里昂担任中国共产党旅欧支部的特派员，负责领导里昂地区党团工作和华工运动。当年5月30日，上海发生了五卅惨案，这一事件激起了全中国人民的极大愤慨，工人罢工、学生罢课、商人罢市的浪潮席卷全国。消息传到法国，旅欧中国共产主义青年团组织迅速行动起来。6月7日，由中国共产党旅欧支部、旅欧中国共产主义青年团和中国国民党驻法总支部联合发起并召集赤光社、留法勤工俭学学生总会等团体代表，在巴黎布朗基街94号社会厅召开大会。会上，各界代表踊跃发言，愤怒声讨帝国主义屠杀中国人民的罪行，并决定举行旅法华人的示威游行，声援国内人民的正义斗争。

6月21日下午，几百名旅欧华人到巴黎布朗基街94号社会厅集合，举行临时紧急大会，其中通过了两项要求：一、向法国政府和巴黎的外交使团抗议他们所奉行的帝国主义侵略政策；二、致电中国驻各国的使节，敦促他们向所驻国政府提出抗议，反对帝国主义，抗议派军舰和军队屠杀中国人民。而后，游行示威群众来到中国驻法公使馆并将公使馆团团围住。在邓小平等人的组织、指挥下，大家分头行动，有的封锁大门，有的切断电线、电话，封锁使馆和外界联系的渠道，有的在使馆大门和围墙上张挂旗帜、标语，有的向行人和围观群众散发传单等，组织工作做得井井有条。邓小平超凡的组织和领导能力在这次运动中显示出来。

这次游行使法国当局坐卧不安。法国政府秘密颁布了大规模搜捕、驱逐有反抗言行的旅法中国共产党人和留法勤工俭学学生的命令。短短几天之内，大批共产党人和进步留法学生相继被捕，被驱逐回国。邓小平作为一名旅欧党团组织负责人，始终站在斗争的最前列。因而，他很早就受到法国当局的注意，成为警方秘密监视和跟踪的对象。面对法国警方的严酷镇压，邓小平等人丝毫没有退却，相反，他们以更大的热情和勇敢投入到新的斗争中。

邓小平经常组织、参加有关党团建设工作的会议，提出“反对帝国主义”的口号，号召在法国的中国人联合起来等。为更好地领导和组织工人运动，邓小平搬到紧挨着雷诺汽车厂的一家旅馆居住。这家旅馆住的都是中国人，他搬到这里不仅方便工作，而且生活上也更能相互照顾。但是，法国警察还是对邓小平等人实施严密的监控，他们在一份报告中写道：“和邓住在一起的有他的两个同胞，这两个人似乎同他有着共同的政治观点，邓外出时，他们总是陪着他。”

1926 年 1 月 8 日，法国警方对邓小平等人所住的 3 家旅馆进行了突击搜查，但邓小平等人已经提前得到了消息，受中共旅欧支部的安排，经德国前往列宁的故乡——苏联。法国警察在旅馆的房间里只搜到了大量的法文和中文的宣传共产主义的小册子，如《中国工人》《孙中山遗嘱》《共产主义 ABC》等，还有两台油印机和几包印刷纸。

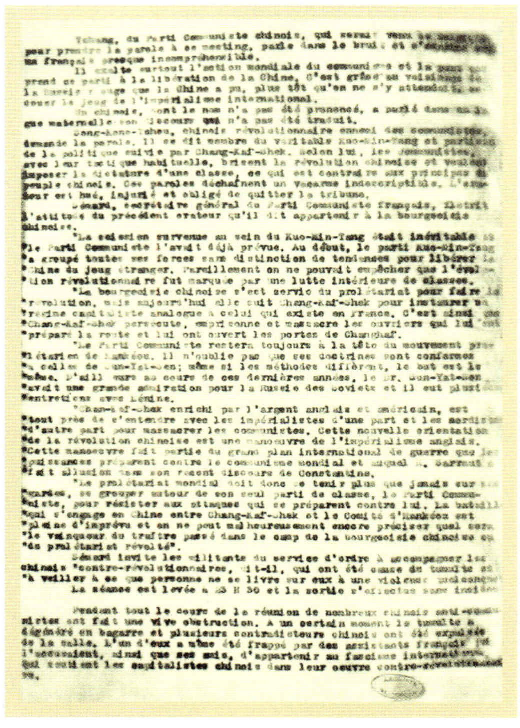

Tchang, du Parti Communiste chinois, qui serait venu [illegible] pour prendre la parole à ce meeting, parle dans le bruit et s'exprime [illegible] un français presque incompréhensible.

Il exalte surtout l'action mondiale du communisme et la part que prend ce parti à la libération de la Chine. C'est grâce au voisinage de la Russie rouge que la Chine a pu, plus tôt qu'on ne s'y attendait, secouer le joug de l'impérialisme international.

Un chinois, dont le nom n'a pas été prononcé, a parlé dans sa langue maternelle son discours qui n'a pas été traduit.

Song-Kone-Tcheu, chinois révolutionnaire ennemi des communistes, demande la parole. Il se dit membre du véritable Kuo-Min-Tang et partisan de la politique suivie par Chang-Kaï-Shek. Selon lui, les communistes, avec leur tactique habituelle, brisent la révolution chinoise et veulent imposer la dictature d'une classe, ce qui est contraire aux principes du peuple chinois. Ces paroles déchaînent un vacarme indescriptible. L'orateur est hué, injurié et obligé de quitter la tribune.

Sémard, secrétaire général du Parti Communiste français, flétrit l'attitude du précédent orateur qu'il dit appartenir à la bourgeoisie chinoise.

"La scission survenue au sein du Kuo-Min-Tang était inévitable et "le Parti Communiste l'avait déjà prévue. Au début, le parti Kuo-Min-Tang "a groupé toutes ses forces sans distinction de tendances pour libérer la "Chine du joug étranger. Pareillement on ne pouvait empêcher que l'évolu-"tion révolutionnaire fut marquée par une lutte intérieure de classes.

"La bourgeoisie chinoise s'est servie du prolétariat pour faire la "révolution, mais aujourd'hui elle suit Chang-Kaï-Shek pour instaurer un "régime capitaliste analogue à celui qui existe en France. C'est ainsi que "Chang-Kaï-Shek persécute, emprisonne et massacre les ouvriers qui lui ont "préparé la route et lui ont ouvert les portes de Changhaï.

"Le Parti Communiste restera toujours à la tête du mouvement pro-"létarien de Hankéou. Il n'oublie pas que ses doctrines sont conformes "à celles de Sun-Yat-Sen; même si les méthodes diffèrent, le but est le "même. D'ailleurs au cours de ces dernières années, le Dr. Sun-Yat-Sen "avait une grande admiration pour la Russie des Soviets et il eut plusieurs "entretiens avec Lénine.

"Chang-Kaï-Shek enrichi par l'argent anglais et américain, est "tout près de s'entendre avec les impérialistes d'une part et les nordistes "d'autre part pour massacrer les communistes. Cette nouvelle orientation "de la révolution chinoise est une manoeuvre de l'impérialisme anglais. "Cette manoeuvre fait partie du grand plan international de guerre que les "puissances préparent contre le communisme mondial et auquel M. Sarraut a "fait allusion dans son récent discours de Constantine.

"Le prolétariat mondial doit donc se tenir plus que jamais sur ses "gardes, se grouper autour de son seul parti de classe, le Parti Commu-"niste, pour résister aux attaques qui se préparent contre lui. La bataille "qui s'engage en Chine entre Chang-Kaï-Shek et le Comité d'Hankéou est "pleine d'imprévu et on ne peut malheureusement encore préciser quel sera "le vainqueur du traître passé dans le camp de la bourgeoisie chinoise ou "du prolétariat révolté".

Sémard invite les militants du service d'ordre à accompagner les chinois "contre-révolutionnaires, dit-il, qui ont été cause du tumulte et "à veiller à ce que personne ne se livre sur eux à une violence quelconque".

La séance est levée à 23 H 30 et la sortie s'effectue sans incident.

Pendant tout le cours de la réunion de nombreux chinois anti-communistes ont fait une vive obstruction. A un certain moment le tumulte a dégénéré en bagarre et plusieurs contradicteurs chinois ont été expulsés de la salle. L'un d'eux a même été frappé par des assistants français qui l'accusaient, ainsi que ses amis, d'appartenir au fascisme international qui soutient les capitalistes chinois dans leur oeuvre contre-révolutionnaire.

1926 年 1 月 7 日法国警方发布的调查报告

回声角

法国警方发布的一份调查报告

1926年1月7日，法国警方发布了一份关于旅法华人小组行动委员会活动及要求对他们的住地进行访问调查的报告。

该报告内容大致如下：

据本月5日获得的情报，旅法华人小组行动委员会曾于1月3日下午，在贝勒维拉市布瓦耶街23号召开一次会议。在这次会议上，有好几个讲演人提出“反对帝国主义”，并要求在法国的中国人联合起来支持冯玉祥将军的政策。……他们中的一个人叫邓希贤，1904年7月12日（农历）出生于中国四川省邓绍昌和淡氏夫妇家。他从1925年8月20日起就住在布洛涅——比扬古尔市的卡斯德亚街3号。他符合有关外国人的法律和政令的规定。他于1920年来到法国。开始，他在马赛，后又到巴黎、巴耶和里昂。1925年他重新回到巴黎后，在比扬古尔市的雷诺厂当工人，直到本月3日。他作为共产党积极分子代表出席会议，在中国共产党人所组织的各种会议上似乎都发了言，特别主张亲近苏联政府。……此外，邓希贤还拥有许多共产党的小册子和报纸，并收到过许多寄自中国和苏联的来信。……

赴苏坚定信念

1926 年 1 月 7 日，受中共旅欧支部派遣，邓小平等人赴苏联学习，他们乘火车离开法国。邓小平于 1 月中旬来到苏联莫斯科中山大学接受系统培训，进一步坚定了革命信仰，提高了理论和认知水平，最终成为一名坚定的共产主义者。在苏联留学的一年多时间里，邓小平读到了什么？看到了什么？收获了什么？对他的人生又产生了怎样的影响呢？

1926 年 1 月 7 日晚，从巴黎出发的一辆火车上载着 20 名踌躇满志的青年，他们的目的地是苏联首都莫斯科，他们的目标是寻求救国良方，这其中就有未满 22 岁的邓小平。在火车上，邓小平思绪万千，他回想起自己曾怀揣着“学点本事”“工业救国”的美好理想来到法国留学，回想起求学不成后为了生计过着炼狱般的打工生活，更回想起自己和同志们一起与法国政府顽强斗争度过了无数个不眠之夜……五年多来，邓小平虽然没有完成学业，但对于这段经历却丝毫不觉得后悔，反而引以为豪。因为，他找到了奋斗终生的事业——共产主义事业。

这次莫斯科之行，他的心情如同当初去法国一样的激动，因为他对此次学习机会已期盼许久。正如他在《来俄的志愿》里写的那样："我来莫的时候，便已打定主意更坚决的把我的身子交给我们的党，交给本阶级。从此以后，我愿意绝对的受党的训练，

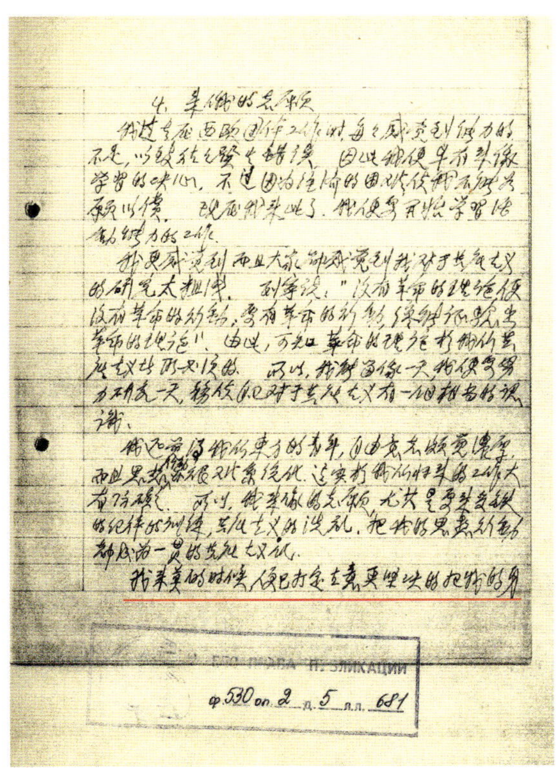

4. 来俄的志愿

我过去在西欧团体工作时，每每感觉到能力的不足，以致往往发生错误。因此我便早有来俄学习的决心，不过因为经济的困难，使我不能如愿以偿。现在我来此了，我便要开始学习活动能力的工作。

我更感觉到而且大家都感觉到我对于共产主义的研究太粗浅。列宁说："没有革命的理论便没有革命的行动，要有革命的行动，须得认识真正革命的理论"。由此，可知革命的理论于我们共产主义者是必须的。所以，我能留俄一天，我便要努力研究一天，务使自己对于共产主义有一个相当的认识。

我还觉得我们东方的青年，自由意志颇觉浓厚，而且思想行动都很浪漫，这实于我们的工作有很大的障碍。所以，我来俄的志愿，尤其是要来受铁的纪律的训练，共产主义的洗礼，把我的思想行动都成为一贯的共产主义化。

我来莫的时候，便已打定主意更坚决的把我的身

ф.530 оп. 2 д. 5 л.л. 681

邓小平在莫斯科中山大学学习期间书写的《来俄的志愿》（部分）

听党的指挥，始终为无产阶级的利益而争斗。”

抵达莫斯科后，邓小平在莫斯科东方劳动者共产主义大学学习了一段时间，不久就转入了莫斯科中山大学学习，从学校到克里姆林宫只需要五六分钟时间。据第一期学员、新中国著名外交家伍修权回忆，他们当时有时候能看到斯大林同志上下班从这里步行经过。

漂泊多年的邓小平终于又坐到了课桌前。风景秀美的莫斯科中山大学教学计划安排得十分丰富，除俄语外，还包括政治经济学、现代世界观问题、俄国革命的理论与实践、民族与殖民问题、中国革命运动史、辩证唯物主义与历史唯物主义、经济地理和军事训练等。学校有时还请苏共中央和共产国际领导人斯大林、布哈林等来作报告，驻莫斯科的中共代表团负责人瞿秋白、蔡

回声角

莫斯科中山大学

1924 年，国共两党实现了第一次合作。为适应国内新的革命形势发展需要，国共双方都迫切需要大量干部。1925 年 10 月，苏联共产党和中国国民党合作在莫斯科创办该校，专门招收中国学生，侧重于教授马克思列宁主义的基本理论，为中国革命培养人才，是当时为国共双方培养后备力量的一个重要基地。当时，为了纪念刚刚去世的孙中山，这所学校取名为中国劳动者孙逸仙大学，也称莫斯科中山大学。1925 年年底起，国共双方派大批青年到该校学习。

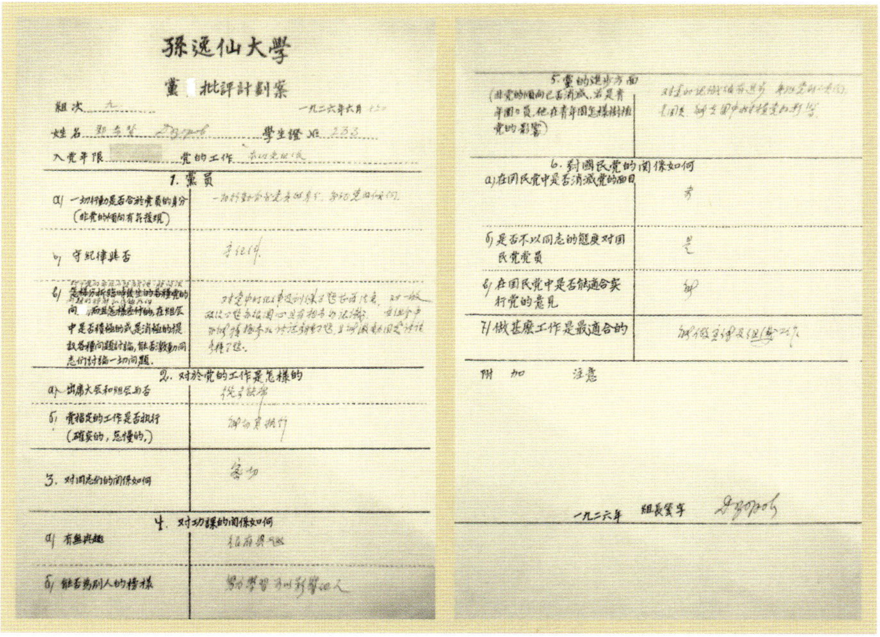
孫逸仙大學

黨 批評計劃案

組次 九　　一九二六年六月

姓名　　學生證№ 233

入党年限　　党的工作

1. 黨員

a) 一切行動是否合於黨員的身分（非党的傾向有無發現）

b) 守紀律與否

c) 是否善於分析時事，在組會中是否積極的或是消極的提起各種問題討論，能否激動同志們討論一切問題。

2. 对於党的工作是怎樣的

a) 出席大會和組會與否

b) 黨指定的工作是否執行（確實的，怠慢的，）

3. 对同志們的關係如何

4. 对功課的關係如何

a) 有無興趣

b) 能否為別人的楷模

5. 黨的進步方面（非黨的傾向已否消滅，若是青年團團員，他在青年團怎樣擴大黨的影響）

6. 對國民党的關係如何

a) 在國民党中是否消滅党的面目

b) 是否不以同志的態度对國民党黨員

c) 在國民党中是否能適合實行党的意見

7. 做甚麼工作是最適合的

附加　注意

一九二六年　組長簽字

莫斯科中山大学（中国劳动者孙逸仙大学）《党员批评计划案》

和森也经常来学校看望他们，向他们介绍国内革命形势，并同大家座谈。

在莫斯科中山大学学习之初，令邓小平感到最困难、压力最大的还是语言关。所以，邓小平每天都花 4 个多小时刻苦学习俄语。莫斯科中山大学的教学方法也别具一格，在教学中，先由教授上课，然后学生提问，教授解答，再组织大家开讨论会，最后由教授作总结。在法国勤工俭学的时候，邓小平虽然也学习了一些理论知识，但那毕竟“太粗浅”，正如他所说：“我能留俄一天，我便要努力研究一天，务使自己对于共产主义有一个相当的认识。”

邓小平开始被分在第九班，任党小组组长。当时在莫斯科中山大学的学员中，邓小平的文化水平属于中上，又有一定的革命工作经历，因此，后来他被编入人称“理论家班”的第七班。

1926 年 6 月 16 日，按照莫斯科中山大学中共党支部的要求，需填写《党员批评计划案》，邓小平在《党员批评计划案》上面这样填写道：

姓名：邓希贤　多佐罗夫（俄文名）

学生证号码：233

党的工作：本班党组组长

一切行动是否合于党员的身份：一切行动合于党员的身份，无非党的倾向。

守纪律与否：守纪律

对于党的实际问题及其他一般政治问题的了解和兴趣如何，在组会中是否积极的或是消极的提议各种问题讨论，能否激动同志们讨论一切问题：对党中的纪律及训练问题甚为注意，对一般政治问题亦很关心且有相当的认识，在组会中亦能积极参加讨论各种问题，且能激动同志讨论各种问题。

出席（党的）大会和组会与否：从未缺席

党指定的工作是否执行：能切实执行

对同志们的关系如何：密切

（对功课）有无兴趣：很有兴趣

能否为别人的榜样：努力学习可以影响他人

党的进步方面：对党的认识很有进步，无非党的倾向。是团员，能在团中树植党的影响。

在国民党中是否消灭党的面目：未

在国民党中是否能适合实行党的意见：能

做什么工作是最适合的：能做宣传及组织工作

从这份档案中可以看出，当时的邓小平虽然只有22岁，但他已经具备了坚定的政治立场和较强的工作能力。

为真理而辩论

邓小平在莫斯科中山大学学习期间，常和同学们聚在一起讨论问题。由于国共双方人士在信仰、观点、见解和立场上都有着很大的分歧，因此双方经常发生激烈的辩论。邓小平在辩论中表现得尤为突出，他勤于思考、思维敏捷、语言有力，在辩论中常把对手驳得无言以对。因此，同志们赠予他一个雅号——“小钢炮”。

邓小平在读的莫斯科中山大学云集了国共两党的重要学员。当时，苏共内部路线斗争十分激烈，各方面都到莫斯科中山大学发表演讲，宣传自己的主张，并争取莫斯科中山大学学生的支持。而在莫斯科中山大学学生中，由国民党选派的学生也公开成立了“中国国民党中央直辖莫斯科中山大学特别支部”。可以说，学校各个角落都相互交织着思想斗争。

随着国内斗争形势的变化，在莫斯科中山大学读书的中国共产党党员学生和中国国民党右派学生之间，经常发生激烈的辩论，邓小平就是其中之一。他泼辣的作风、严密的理论分析、雄辩的口才在莫斯科中山大学的学生中是出了名的。作为党小组组长，他在大是大非问题上旗帜鲜明，立场坚定，原则问题从不让步。

邓小平经常与其他学生一起散步聊天，分享在法国勤工俭学的经历和带有传奇色彩的革命斗争故事。蒋经国与邓小平同在这所学校学习，当时他把邓小平看成大哥、学长。邓小平曾回忆，蒋经国在这所大学里“学得不错”。

有一次，蒋经国突然问邓小平：“你们为什么老围着一条大围脖呀？多累赘啊！”

莫斯科中山大学

原来，邓小平与傅钟、任卓宣三人同在法国留学，又同时来到莫斯科中山大学，三人虽性格迥异，关系却很亲密。在许多场合，三人经常同时出现，而且脖子上总是都围着一条蓝白道相间的大围脖，看起来非常醒目。

见蒋经国好奇，邓小平拿起飘在胸前的围脖的一端说：“你可不要小瞧这围脖，在法国，它可是无产阶级的标志啊！”一听是无产阶级的标志，蒋经国更加不解，瞪大了眼睛：“无产阶级的标志？”

“那当然！”邓小平的语气中充满了自豪，“在法国，资本家剥削得我们吃饭都吃不饱。为了能填饱肚子，我们经常会去当清洁工，干一些捡马粪、扫大街的体力活。尤其是捡马粪挣钱多，干一天能挣出一个星期的花销来呢！”

“是吗？”蒋经国很疑惑。

“法国的清洁工每人都有这样一条围脖，所以，我们就一直戴着它。”邓小平说。

“原来如此啊！”蒋经国这才明白，邓小平是为当过清洁工而自豪，他更钦佩邓小平的经历。

当邓小平与其他同学展开辩论时，蒋经国有时站在邓小平这边，喊道：“‘小钢炮’开炮了！”国民党的学生恼怒地说他屁股坐歪了，质问他：“经国，你到底是吃国民党的饭，还是吃共产党的饭？”蒋经国回答说：“我现在吃苏联的饭！”

对国共两党的学生来说，“中山舰事件”发生后的一次谈话令人难忘。“中山舰事件”发生在1926年3月，它是蒋介石策划的反共、反苏行动。当时，远在莫斯科的同学们虽然不知其详，可消息传来，使国民党方面的学生成为众矢之的。在这种情况下，国共两党的学生展开了争论。中国共产党党员学生认为，“中山舰事件”说明蒋介石是站在反对中国共产党、反对人民立场上的，这是一次破坏国共合作的严重的政治事件，同学们对蒋介石的遣

回声角

一份珍贵的自传

1926年1月，邓小平按组织要求写下一份自传（见下图）。自传分为四个方面：一是家庭经济地位；二是个人的经历及思想变迁；三是加入团体及服务的经过；四是来俄的志愿。前三个方面主要叙述了自己家庭经济情况，以及1920年离

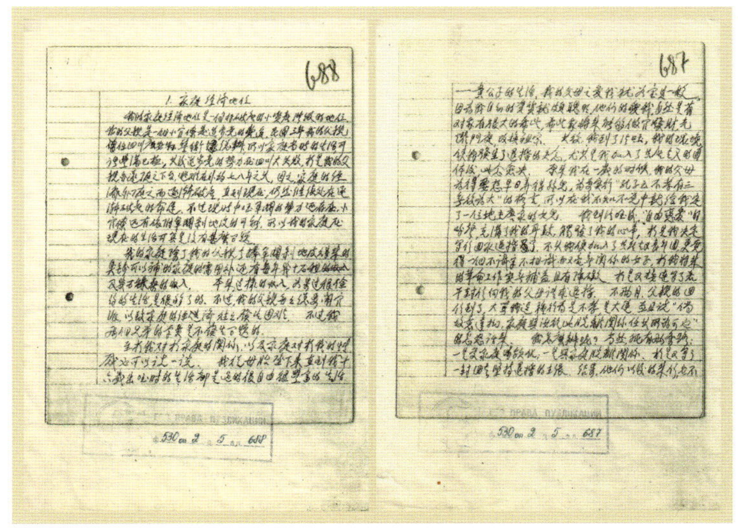
1. 家庭经济地位

1926年1月邓小平书写的自传笔迹（部分）

开家乡赴法勤工俭学、参加党组织活动的基本情况，讲述了走上革命道路的成长经历。第四方面为来俄的志愿，也是全文核心，邓小平坚定地表达了自己的革命理想和坚定信念。

责和声讨是理所当然的；由于蒋介石的缘故，大家对国民党选派的学生有看法是可以理解的，只要国民党一方的学生能主动向组织汇报，说明他们是相信组织的，国民党方面的学生也应和蒋介石的错误划清界限，真诚地站在无产阶级这边，用自己的行动向组织和人民作出满意的回答。这一番观点，既讲原则又不失人情味，给国民党一方的学生留下了深刻的印象。

亮相国内革命

为了加强中国共产党在中国西北的力量，1926 年年底，受中共中央和共产国际的派遣，邓小平等人从莫斯科中山大学提前结业匆匆赶往西安。邓小平到达西安后，被分配到刚成立的中山军事学校，担任政治处处长兼政治教官，并任该校中共党组织书记。蒋介石发动四一二反革命政变后，他转赴汉口，被安排在中共中央机关工作。在此期间，他改名为邓小平。

1926 年，我国正处在轰轰烈烈的国民革命时期。冯玉祥率国民军联军入陕，在陕西建立国共合作的统一战线组织——国民军联军驻陕总部。

邓小平等人一路乘火车、坐汽车、骑骆驼、跨战马，日夜兼程，风雨无阻，终于在 1927 年 3 月底抵达西安。当他们风尘仆仆赶到西安时，已经是衣衫褴褛。对于邓小平等人的到来，冯玉祥非常

20 世纪 20 年代的西安

重视，专门设宴款待。

邓小平到达西安前后，仍处于第一次国共合作时期，急需大量的军政干部，中共组织决定创办一所类似黄埔军校式的军事学校。1927 年，邓小平被分配到刚成立的西安中山军事学校。23 岁的他被任命为中山军事学校的政治处处长兼政治教官，并任该校中共党组织书记，挑起了学校的政治工作任务，由此掀开了他投身国内革命的新篇章。

邓小平每天都很忙，经常工作到深夜。他不仅要抓学校政治处的管理和组织、宣传工作，还要兼讲政治课，主要讲授《中国革命史》《三民主义》《布尔什维克十二条》等。曾经，十几岁的邓小平在家乡的学堂，聆听老师讲政治课，宣传革命思想，埋下了一颗爱国爱家的种子；如今，经受国际共产主义洗礼的邓小平，已然成长为政治教官，给广大青年军官讲政治课，宣传马列主义，灌输革命思想。

邓小平有在法国的阅历，又在莫斯科中山大学经过了系统培训和学习，因此他讲起课来驾轻就熟，风趣幽默。课堂里，他操着浓重的四川口音，不停地打着手势。他要求每个革命军人都要遵守革命纪律，养成吃大苦、耐大劳、英勇善战的作风。不少学员表示，听邓处长讲课，就像吃一顿饕餮盛宴。

邓小平在忙碌工作的间隙还参加西安的一些党团会议和革命群众集会，宣讲和分析国民革命发展的形势，动员民众参加和支持国民革命。当时西安的群众革命气氛很浓，游行集会自不会少。一次，他应陕西青年第一届代表大会之邀作了《苏俄之近况》的报告。只见他在台上声情并茂，不时用手卡着腰，讲得生动精辟、通俗易懂，极富鼓动性，时常被雷鸣般的掌声所打断。

在西安期间，邓小平的生活并不宽裕。几十年后，邓小平还记忆犹新，那时候西北军的生活艰苦得很，整日啃馒头、吃咸菜。偶尔去西安鼓楼吃羊肉泡馍就算是“打牙祭”了。一边吃着热气腾腾的羊肉泡馍，一边热火朝天的讨论，常常忘记了时间，不知不觉便到了深夜。邓小平后来还感叹：那个时候，能吃到羊肉泡馍就是好东西了！

正当一大批共产党员在国民军联军中积极工作的时候，国民党右派叛变革命。1927 年 4 月，蒋介石在上海发动了震惊中外的四一二反革命政变，并在南京建立“国民政府”。西安是邓小平投身国内革命斗争的第一站，在国民党右派背叛革命前后的复杂背景下，他与刘伯坚等一大批共产党员坚持同倾向革命的冯玉祥合作，开展统一战线工作和部队政治工作。

1927 年 5 月，国民军联军改名为国民革命军第二集团军，冯玉祥就任总司令,随后东征潼关,刘伯坚和许多共产党员随军东征。正是在邓小平、刘伯坚等大批共产党员的积极努力下，原本濒于瓦解的旧军阀部队，变成了一支军威大振、深受群众拥护的革命军队。在作战中，全军上下士气旺盛，斗志昂扬，一路节节胜利，势如破竹。5 月 8 日占领陕县，15 日攻克洛阳，30 日攻克郑县，6 月 1 日又占领开封，与南方的国民革命军第一集团军某部会师，实现了“会师中原”的战略计划。然而，6 月 21 日，冯玉祥同蒋介石等达成反共协议，电促汪精卫“驱逐共产党员出国民党”，实现宁、汉合作。于是，冯玉祥在部队和所辖地区开始“清党”反共，下令将部队中的共产党员集中到开封“训练”。邓小平作出决定，不去开封“受训”，而要去武汉找中共中央机关。

1927 年 6 月底，邓小平离开西安到武汉。而后，在汉口找到了中共中央机关，被安排在中共中央机关担任秘书。7月，汪精卫在武汉召开“分共会议”，宣布同共产党决裂，叫嚣“宁可枉杀千人，不可使一人漏网”，大肆屠杀共产党人和工农群众。轰轰烈烈的国民革命失败了。严酷的白色恐怖迫使中共各级组织迅速转入地下。在这种情况下，使用了十余年时间的邓希贤这个名字改成了邓小平，此后一直沿用。

回声角

第一次国共合作及其破裂

1924年1月，中国国民党第一次全国代表大会在广州举行。出席开幕式的代表165人中，有共产党员20多人。李大钊被指定为大会主席团成员之一。国民党“一大”审议通过了《中国国民党第一次全国代表大会宣言》。国民党“一大”的政治纲领同中国共产党在民主革命阶段政治纲领的若干基本原则是一致的，成为第一次国共合作的政治基础。国民党“一大”还确认了共产党员以个人身份加入国民党的原则。国民党“一大”事实上确立了联俄、联共、扶助农工的三大革命政策，标志着第一次国共合作正式成立。

中国共产党与中国国民党展开合作，进行反帝反封建的国民革命运动，又称“大革命”。然而，由于国民党内反动集团背叛革命，国民革命失败，第一次国共合作破裂了。

经历革命洗礼

1927年，邓小平随中共中央从武汉秘密迁到上海。在上海的一年多时间，他从事着非常艰苦、特别危险的秘密工作。邓小平后来回忆，那是吊起脑袋在干革命，他们没照过相，连电影院也没去过，他在军队那么多年没有负过伤，地下工作也没有被捕过，这种情况是很少有的，但危险经过好几次。

1927年8月1日，中国共产党领导的武装反抗国民党反动派的南昌起义举行。8月3日晚上，邓小平等人住在汉口俄租界的三教街四十一号的一幢公寓内，为即将秘密召开的中共中央紧急会议（后通称为八七会议）做严密的筹备工作。8月7日，中共中央紧急会议召开，邓小平在会议上担任记录。这次会议总结大革命失败的经验教训，批判陈独秀右倾机会主义错误，确定实行土地革命和武装反抗国民党反动派的总方针，并把发动农民举行秋收起义，建立工农革命政权，解决农民土地问题作为当前党的主要任务。八七会议后，为了适应革命发展的需要，邓小平作为中央秘书，随党中央机关一同前往上海开展地下工作。

当时的上海比较混乱，反革命势力猖獗。为加强我党的工作并提供一支强大的保卫力量，11 月，周恩来受命组建中共中央

回声角

邓小平忆八七会议

1980 年 7 月，邓小平到武汉视察工作，特地参观了八七会议会址。故地重游，记忆的闸门一下子打开了。据邓小平回忆，当时为保证会议绝对安全，会议代表有 20 多人，分三天三批由党内交通员带进去的。办事情的少数人去得最早，走得最晚，中央负责人最后进，最早走。八七会议会址与餐厅相隔，两处均有后门相通，会议代表全部从后门进入。李维汉是秘书长。“我是第一批进来的。当时我在这里待了六天，最后一个走的。”邓小平曾说。据他回忆，八七会议召开时是武汉最热的时候，开会时甚至连门也不能开，进去了就不能出来。他是在一个晚上带着行李进去的。大家在里面是打地铺睡的。当时都是年轻人，毛泽东 34 岁，瞿秋白 28 岁，李维汉 31 岁，任弼时 23 岁，邓小平 23 岁，陆定一比邓小平小两岁。八七会议确定实行土地革命和武装反抗国民党反动统治的总方针，决定在秋收时节发动武装起义。毛泽东的“政权是由枪杆子中取得的”著名论断就是在这次会议上提出的。

20 世纪 30 年代初的上海

特别行动科，主要从事地下工作，包括收集情报、保卫中共高层人物等。12 月，邓小平担任中共中央秘书长，时年 23 岁，主要职责是协助周恩来等中央领导处理中央机关的日常工作，除列席中央各种会议并作记录外，还负责文书、电报、经费安排等工作。

在白色恐怖的笼罩下，为了适应秘密工作的需要，并有效地开展工作，中共中央提出以绝对秘密为原则，党的负责干部要以某种职业作为掩护。这期间，邓小平为了掩饰身份，在五马路清河坊开了一间二层楼的杂货铺，楼上住人，楼下卖一些生活日用品。这家杂货铺也是党中央开会的一个地方。后来，他又开了一家古董店，以老板的身份掩护工作。

邓小平还经常化装参加很多活动。据曾在中共中央机关工作的刘英回忆，第一次认识邓小平，是他同周恩来到李维汉那里谈工作，邓小平那个时候是中央秘书长。他们经常化装，到什么地方就穿着适合当时场合的服装。到租界穿得讲究，到平民的地方就穿工人衣服，所以就不容易被坏人发现，跟普通人一个样。

即便这样小心谨慎，邓小平在上海的一年多时间也曾多次遇险。一次，中央特科的同志得到情报，巡捕发现了周恩来的住处，要来搜查，立即通知周恩来搬了家。而与周恩来同住的邓小平当时不在家，未能接到搬家的通知。当邓小平回到家敲门时，里面巡捕正在搜查。幸运的是有个内线埋伏在巡捕里面，故意应了一声来开门，邓小平一听声音不对，立马转身就走了，没有出问题。邓小平后来回忆说，从那以后半年的时间，他们连那个弄堂都不敢走。那时候很危险，半分钟都差不得。

还有一次，时任中共中央临时政治局常委、中央组织局主任罗亦农被其秘书何家兴夫妇出卖。何家兴夫妇因不满足清贫的生活，竟想到出卖党，叛变革命，罗亦农不幸被捕牺牲。罗亦农被捕前刚刚和邓小平分开。邓小平后来回忆，他去和罗亦农接头，办完事，他刚从后门出去，前门的巡捕就进来了，罗亦农被捕。他出门后看见前门中央特科一个扮成擦鞋子的同志用手悄悄一指，就知道出事了。就差不到一分钟的时间。

1929 年邓小平离开上海后，奉命前往广西，任中共广西前敌委员会书记，领导了百色起义、龙州起义，成立了红七军、红八军，创立了左右江革命根据地。1931 年以后，在上海中央的工作环境遭到敌人的严重破坏，变得更加危险。而在这时，又发生了两件大事：第一件是顾顺章被捕叛变，第二件是向忠发被捕叛变。这两次恶性事件给党中央造成了巨大的损失，同时也使党中央在上海的工作开展得越来越困难。一些中共中央负责人纷纷转到苏区，周恩来也于 1931 年 12 月离开上海前往江西。

从事秘密的地下工作异常艰辛和危险，但这段经历也培养了邓小平果敢、谨慎的工作作风和坚韧顽强的革命意志。

第三篇

平凡质朴　有情有义

家风，是一个家族历经岁月的沉淀，世世代代的相传，从而形成的独具特色的优良风气；是一种让后代立身于社会，并终身受益的崇高品质。邓小平历来注重家庭、注重家教、注重家风，以身作则、率先垂范。他的这种平凡质朴、有情有义的特质，体现在了对待亲情、友情、爱情等方面。他的生活平淡从容，丰富多彩，他把爱给了全中国人民，他赢得了全中国人民的无限爱戴。

深沉的思乡情

邓小平自16岁离开故土前往法国勤工俭学后就再也没回过家乡。这个被邓家人寄予厚望的“长子”，后来成为中国社会主义改革开放和现代化建设的总设计师，为中国改革开放事业和人民的幸福生活奉献了毕生的精力。然而，邓小平一生始终萦绕着深沉的思乡情，“一定要把广安建设好”是他对家乡提出的殷切嘱托。

巍巍华蓥山，悠悠渠江水，山水相依，构成了一幅美丽的画卷，今天的广安市协兴镇牌坊村便坐落其间，这是一代伟人邓小平的家乡，邓小平青少年时光就是在这里度过的。

1904年8月22日，对于已经干旱了很长时间的广安来说是个好日子。这天中午，天空乌云密布，一场期待许久的雨终于倾盆而下。此时，邓家大院也即将迎来一件天大的喜事——淡

邓小平故居航拍图

氏快要生了。突然，从厢房传出一阵响亮的婴儿啼哭声。接生的石婆婆一边擦手一边从屋里头出来，满脸堆着笑容朝孩子的父亲邓绍昌道喜："是一个男娃儿，母子平安！"这位父亲高兴得差点跳了起来。尚在襁褓中的这个男孩就是邓小平。如无数父母一样，邓小平的父母对他寄予了厚望。

十余年后，年少的邓小平阔别了家乡和亲人，从这里踏上了一条追寻救国救民的道路。邓小平把自己的一生全部奉献给了他深爱的祖国和人民。他曾说："我是中国人民的儿子，我深情地爱着我的祖国和人民。"尽管邓小平离开故乡后没有回来过一次，然而，在他的心底依旧深深蕴藏着一块令他情牵梦绕的热土，那就是他的家乡——四川广安。

邓小平故居前的罗盘田，一如往昔栽满了水稻

1986年初春，邓小平在成都接见了广安县委、县政府负责同志，十分高兴的邓小平饶有风趣地说：今天终于见到我的“父母官”了！在询问了家乡的建设发展情况后，他语重心长地寄语：你们年轻、有文化、有希望，你们要把广安建设好！1988年6月，自贡灯展在北京北海公园举行。邓小平在船上观看，一旁采访的四川电视台记者问邓小平：“这么多年了，您就没想过回家

回声角

乡情萦绕　故土难忘

萃屏公园和凉滩电站，是四川广安人再熟悉不过的地名，它们不仅是广安经济发展变迁的浓缩，也凝聚着邓小平对家乡的关注和殷切希望。1982年12月25日和1984年8月30日，邓小平分别题写了两幅秀丽遒劲的题字——“萃屏公园”和“凉滩电站”，这是邓小平为家乡广安留下的墨宝，饱含着邓小平对故土的拳拳眷恋。如今的萃屏公园小桥流水、青山叠翠、清新怡人，而凉滩电站发电造福一方百姓。

乡音依旧，乡情犹浓。邓小平在阔别故乡78年的人生漫长岁月里，无论在什么地方、什么场合都讲着一口地地道道的广安话。特别是晚年的邓小平，每次出现在公共场合，伴随在他身边的女儿邓榕就会十分默契地对外界“翻译”父亲的广安话。在日常饮食上，邓小平一直保持着家乡饮食的口味和习惯。他喜欢在许多菜中放些辣椒，家乡的麻婆豆腐、米酒、豆瓣酱，他谈起来更是津津乐道。说起家乡的水果，邓小平一辈子都不能忘记白市柚，他老年还回忆说，只有家乡的白市柚才最好吃。

邓家老井

乡看看？”邓小平摇头说他怕。

邓小平怕什么呢？邓小平的小女儿邓榕所著的《我的父亲邓小平》一书中写道：“父亲自己不回老家，也不许我们回去。他说我们一回去，就会兴师动众，骚扰地方。”他少小离家后就一直未曾回去过，换作一般人确实很难理解，但放在邓小平身上，似乎又变得可以理解。

1986 年，他在成都与幺舅淡以兴相见。花有重开日，人无再少年，儿时的美好回忆已成记忆了。淡老问他为什么不回乡看看，邓小平说，他记得离家时，广安只有 60 万人口，而当时已有 100 多万人了，惊动不起。20 世纪 70 年代中期邓小平主持中央日常工作后，党政军事务都要管，抽不开身，即使想回家也是有心无力。而且，广安远离成都、重庆等大城市，地处丘陵地带，在未通高速公路前交通十分不方便，加上邓小平身体等原因，回家的愿望一直没能实现。

曾经多次回到过四川的邓小平，最终还是没能踏进家乡广安的大门，但邓小平每时每刻都惦记着家乡的发展和父老乡亲们，他寄予家乡人民“一定要把广安建设好”的嘱托，成了家乡广安发展的不竭动力。

橙糖中的孝心

中华民族是一个十分重视孝道的民族。邓小平从小孝敬长辈、尊重乡亲，他曾深情地说："我是中国人民的儿子，我深情地爱着我的祖国和人民。"他还多次说，没有家庭不行，家庭是个好东西。邓小平在孝道礼仪上率先垂范，为家人和社会做出了光辉榜样。

一天，在广安老家读书时的邓小平放学后，刚跨进房门，母亲淡氏拦着他问道："贤娃子，我问你，你枕头下的钱是哪儿来的？"

邓小平迷茫地看着母亲直摇头。

母亲见邓小平不说话，气不打一处来，问道："我今天收拾你房间，在你的枕头下看到一包钱。你给我说清楚，这钱是从哪儿来的？"

邓小平的脸猛地红到耳根子，咕哝了一句只有他自己才听得懂的话。见儿子吞吞吐吐，母亲猛地拉他上前说：“贤娃子，你要是不说清楚，我叫你老汉（四川话，即父亲）收拾你。”邓小平只好把这些钱的来龙去脉道出来。

原来，自从邓小平到北山小学堂读书后，中午一般不回家吃饭，有时父母给点零钱到餐馆吃碗米粉，或带点米搭伙。这样，中午这段空闲时间，邓小平可以读读书、写写字，或到乡场上去转悠转悠。这天放午学后，他把当天老师所教的课文读了几遍，就到乡场去逛了，准备买点小吃当午餐。当天恰好协兴赶场，不大的地方挤满了四周乡民，尤其是农贸市场最为热闹，邓小平也挤过熙熙攘攘的人群径直向农贸市场走去。

这儿是卖糖果的集中地，有人把苞谷熬成的麻糖摆放在竹背篼上的簸箕中，麻糖散发出诱人的香甜味。卖麻糖的人站在那里举着小铁锤敲起半圆形的弓子，发出悦耳的叮当声，并高喊着：“麻糖啊，又甜又脆。”与他近邻的是一个卖橙糖的老大爷，邓小平低头一看，在老大爷面前放着一个土瓦缸，里面装着一片片拇指大小的橙糖。橙糖是将去了肉的橙子皮青壳，经过洗煮挤去苦味后，再放进用玉米与谷芽熬成的清糖中煮熟而成的，看起来颜色金黄，吃起来香酥可口，甜而不腻，是川东一带的土特产，具有镇咳、化痰的功效。

邓小平看到老大爷的小摊旁边蹲着一个又瘦又驼的老婆婆，她双眼直直地盯着老大爷的橙糖，盯了很久才抬头向卖糖人可怜地央求道：“大哥，我这咳嗽病每次犯了都是吃橙糖好的，这次咳了好久，想买点橙糖吃，就是没得钱。今天好不容易才卖了一升米，你就卖给我半斤橙糖吧。”

老大爷一副傲慢相，从鼻孔哼了声：“你的五个铜板买不了多少哦，要买半斤就得再添五个。”

老婆婆再次抬起头来，长长地叹了一口气：“谁晓得今天的米这么便宜，一升米足足少卖了三个铜板，我也是咳嗽咳得厉害

协兴场镇街道（现为协兴老街）

才来买你的糖，不然我也不会把米卖了啊。”

邓小平听老婆婆说她是因为咳嗽才来买橙糖，猛地来了兴趣，问道：“婆婆，橙糖可以医咳嗽病吗？”

老婆婆看了邓小平一眼，点头说：“是呀，不然我卖米买它干啥啊。”

邓小平“啊”了一声，对买橙糖的老婆婆说：“您等等。”老婆婆转身看看邓小平，她不知这个小孩叫她等等要做什么。

邓小平把身上的口袋摸了个遍，突然高声说道：“我的钱呢？我身上有五个铜板呀。”那是妈妈给他上学时的午饭钱。他想了一会儿，又说：“婆婆，我的钱还在书篮里头，我去拿来，您等等，我给您五个铜板。”说后飞快地跑开了。

当邓小平再次出现在老婆婆面前时，老婆婆真有点不相信他会跑过来给钱，颤着声音说：“娃儿，我谢谢你了，要不是你给我钱，我怕是买不回这半斤橙糖了啊。”

邓小平把钱给了老婆婆，自己没有钱吃午饭了，可想到橙糖有治咳祛痰的作用，心中就乐滋滋的，一个计划顿时在脑中产生。打这之后，每天上学时，邓小平不再拒绝父母给的午饭钱，而且还将午饭改为面食，这样就可以节省一个铜板。

当母亲知道枕头下面的这些钱是邓小平从饭钱中省出来的后，半信半疑地说：“你说啥？你省得到这么多的钱？我不信。”

邓小平认真地说：“我没骗您，这段时间我每天只吃面或米粉，一天省一个铜板。”

母亲长长地叹了口气：“那你给我说，你省下这些钱做啥？要买东西，难道我们不给你钱吗？”

邓小平理直气壮地说：“我要用省下的钱来办一件事情。”

母亲本打算继续追问下去，可她知道儿子不会乱花钱，想了想便说：“你把钱拿回去吧。”她回屋从柜子里拿出一个布包递给邓小平。邓小平接过布包高兴地说了句：“我读书去了。”径直走出母亲的房间。

几天后，邓小平把省下的二十多个铜板找出来带到学堂。放午学后，他急急忙忙跑向农贸市场，找到卖橙糖的老大爷，买了一大包。放晚学后，他兴冲冲地跑进祖母的住处，双手将糖递到祖母面前：“婆婆，给您一包橙糖，这对治咳嗽病很有用的，您吃了一定不会再咳嗽了。”

祖母接过糖放在桌子上，一把把邓小平抱在怀中：“我的好孙儿！”

邓小平说：“婆婆，您咳嗽起来好厉害哟。您快把橙糖吃了，就不咳嗽了。”

祖母开心地说：“好孙儿，难得你这片孝心……”

邓小平抬头看到祖母脸上挂着泪，关心地问道：“婆婆，您是咋了？”

祖母回答说：“贤娃子，我这是高兴呢。”

母亲来到祖母的房间，看到桌上的橙糖，这下心里全明白了儿子的心思。

回声角

邓小平与继母夏伯根

邓小平从小成长在一个有爱的家庭中，父母以及大家庭的温暖，始终滋养着他的心田。他自年少离开家乡广安，远离父母，始终惦念着家乡的亲人。1950 年，重庆刚解放，邓小平就把继母夏伯根和自己的两个妹妹从老家广安接到重庆。1952 年，他们又一同回到北京。此后，一直生活在一起，相互照顾。

邓小平家庭生活幸福美满，家里年龄最长的就是他的继母夏伯根。虽然夏伯根只比邓小平大 5 岁，但全家人对夏伯根都很尊重，邓小平夫妇和儿女也随孙辈们一道称她“老祖”。夏伯根亲手腌制的四川泡菜和豆腐乳，十分受家人的喜欢，更是邓家餐桌上的必备品。

足球迷邓小平

邓小平对足球运动情有独钟，是个铁杆足球迷。20 世纪 20 年代，初次走出国门的邓小平在法国勤工俭学时，就被足球比赛深深地吸引了。新中国成立后，邓小平对中国足球事业提出了许多富有建设性的建议。他关于“中国足球运动要搞上去，必须从娃娃抓起”的指示，不断激励着无数热爱足球的年轻人，也表达出他对中国足球发展的美好期望。

邓小平在法国巴耶中学读书的时候，第一次接触到了足球，从此喜爱上了这项体育运动。他和族叔邓绍圣曾是绿茵场上的常客，他司职前锋。那时，大家对绿茵场上的胜负不以“球”计，而是说胜了几“点”，输了几“点”。邓小平几十年保持着这个语言习惯，每当观看足球比赛时，他总是兴高采烈地说：“又赢了一‘点’。”

1924年，第八届奥运会在法国巴黎举行。足球决赛开始前，场外一位黄皮肤的年轻人却犯了难，这人就是邓小平。他太想观看这场足坛的视觉盛宴了，但当时又拿不出购买门票的钱。忽然，一个念头闪进脑海——把自己的外衣送到当铺。最终，他拿着换来的5法郎买了足球决赛的门票，那可是他一天的伙食费。直到晚年，邓小平还能清楚地记起那次比赛的冠军是乌拉圭队。

1923年，国内二七惨案发生后的一段时间，法国当地警察局认为《少年》等中文刊物的观点激进、有危险倾向，便加以限制，不允许文具店再卖给中国人刻字用的蜡纸。而邓小平自告奋勇完成了买蜡纸的任务。他有自己的秘诀——他发现一个文具店的老板和自己一样，是个十足的球迷。他便极力恭维心里反感的法国队，令那位文具店老板非常开心，破例卖给了他最想要的蜡纸。伙伴们问他用了什么“秘密武器”，竟然买回这么珍贵的东西，邓小平不假思索地回答：“足球。”大家面面相觑。

新中国成立后，邓小平一如既往地热爱足球。他的女儿邓榕回忆说：“他一直是足球的热情观众，有球必看，连在北京先农坛体育场娃娃队的比赛，他也去看。不但他自己去看，还带着我们去看，看不懂的也要去。”1961年，邓小平因骨折住院治疗。据说住院期间，他还幽默地问负责国家体委工作的贺龙元帅：“几时能多看几场足球转播赛？”

说来也巧，1977年邓小平第三次复出，他的第一次公开亮相就是在北京工人体育场举行的北京国际足球友好邀请赛闭幕式上。邓小平刚踏上看台，就被眼尖的观众发现了，有人惊呼："那不是邓小平吗？"一传十，十传百，越来越多的观众鼓掌并欢呼邓小平的名字。当时，"文化大革命"结束不久，人们迫切希望邓小平复出工作，带领党和国家走出困境。当邓小平站在主席台前时，全场的观众都兴奋地站了起来。

作为一名铁杆球迷，邓小平除了在现场观看比赛，更多的时候还是通过电视直播或录播观看。1990 年世界杯，中央电视台连实况带录像一共转播了 52 场，他一场没落，如果播出时间太晚，他就让工作人员录下来第二天再看，还一再叮嘱不要提前告诉他比赛结果，否则看起来就没意思了。

回声角

中国足球必须"从娃娃抓起"

足球是深受世界各国民众喜爱的运动之一。邓小平不仅喜欢足球运动，而且对中国足球事业的发展倾注了大量心血。邓小平深知，中国足球要有好的发展，必须"从娃娃抓起"。邓小平特别喜欢观看中国队的比赛，他曾鼓励中国出征亚运会的运动员："要打出风格，打出水平，最主要的是要轻装上阵。"子女们这样评价邓小平的足球爱好："父亲的球瘾，其实全都体现在他的爱国心上。"2014 年 3 月 22 日，习近平总书记在访问荷兰时，对著名球星范德萨说："中国领导人邓小平就曾提出足球要从娃娃抓起，我们现在还要这么做。"

邓小平还经常和家人一起观看足球比赛转播。比赛不是每场都踢出大比分，最终也可能以平局收场，或出现双方一球未进的局面，子女们就曾抱怨：这场球真没意思，一个球都没进！听到这样的话，邓小平总是耐心地说：“一场球好不好看，跟进几个球没有关系。只要球踢得激烈、踢得精彩，不进球也好看。”

烽火中的爱情

在上海做地下秘密工作时，邓小平与张锡瑗结合走到一起，他们既是同学，又是战友，还是一对感情笃深的年轻夫妻。在那个“吊起脑袋干革命工作”的恐怖环境下，两人相互支持、相互鼓励，不畏恐惧。邓小平一生中先后经历了三次婚姻，张锡瑗是他的第一任妻子，第二任妻子金维映，第三任妻子卓琳。在艰苦卓绝的革命岁月中，他们相互扶持，肩负起了理想与责任。

邓小平和张锡瑗是在莫斯科中山大学上学时相遇相识的。当时，他们一个是从国内来的共产党员，一个是从法国来的共产党员，两人同学不同班，相互都熟识，彼此印象也很好，但那时候他们的精力全都投入到了学习中，专心致志的学习之外，还要同国民党右派作斗争。

1927 年年初，尚处于第一次国共合作时期，邓小平受党的派遣回国，在西安的中山军事学校担任政治处处长兼政治教官的职务。不久，蒋介石在上海发动四一二反革命政变，公然背叛革命，第一次国共合作破裂。冯玉祥下令将国民党联军的共产党人礼送出境。就这样，邓小平转赴汉口，在中共中央机关工作。就是在这里，他惊喜地遇到一个人，她就是刚刚从莫斯科回国的张锡瑗。1927 年秋，邓小平随中共中央机关从武汉秘密迁往上海，张锡瑗也到了上海，而且就和邓小平一起在秘书处工作。

张锡瑗（1906—1930），河北省房山县（现北京市房山区）良乡人

在共同的革命理想、共同的情趣和缘分下，他们相爱了。1928 年，过完年不久，邓小平和张锡瑗在上海结为伉俪。那一年，两人都还是 20 多岁的年轻人。为了庆祝这对年轻的革命者喜结良缘，中共中央机关的同志们特地在上海广西中路一个叫聚丰园的四川馆子办了酒席，周恩来、邓颖超、李维汉、王若飞等在中央的人都参加了。那一天，邓小平格外喜气洋洋，大家吃完后还兴致未尽，邓小平又另外点菜，与大家一起分享自己的喜悦。

婚后的大半年时间，他们和周恩来、邓颖超夫妇同住在公共租界的一幢小房子里，周恩来和邓颖超住在楼上，邓小平与张锡瑗住在楼下。邓颖超晚年还曾说过，那时候“常常听到他们在楼下又说又笑的”。在当时白色恐怖的上海滩，在巡捕森严的租界地，幸而还有这一片纯洁、美好的人间真情存在。由于工作原因，他们没照过相，没看过电影，但这对革命伴侣始终保持着积极的生活态度、坚定的理想信念。然而，不久命运却给了这对结婚不到两年时间的年轻夫妇重磅一击。

1930 年 1 月，张锡瑗生孩子时难产，孩子终于生了下来，但她却得了产褥热。虽然邓小平日夜在医院中陪伴、照顾着妻子，但由于医疗条件差，年仅 24 岁的张锡瑗还是去世了。几天后，也许是因为难产的关系，他们的孩子也夭折了。

当时，广西的革命形势已不容耽搁，邓小平来不及亲手安葬妻子和孩子，便匆匆离开上海，但他的心中一直牵挂着这件事情。1949 年上海解放后，邓小平再次回到上海，从 1931 年邓小平离开上海前往中央苏区已经 18 年了。安顿下来后，邓小平四处寻找张锡瑗的墓地。最后，在当时埋葬张锡瑗的一位中共中央工作人员的帮助下，终于找到了张锡瑗的墓地。当时是邓小平、卓琳夫妇二人一起前去查看，发现那里都被水淹了。于是，邓小平叫人把张锡瑗的棺木安放在他在上海居住的励志社楼下。不久，邓小平根据中央的命令离开上海，率军挥戈进军大西南。1969 年，张锡瑗的棺木迁葬到上海烈士陵园（现龙华革命烈士陵园）。

如今，张锡瑗安静地躺在绿草茵茵的环形墓区中，她生前留下的唯一一张照片镶嵌在墓碑上面。虽然张锡瑗早逝让她没有机会与邓小平一起走到中国革命的胜利之时，但是邓小平心里从未忘却这段革命爱情。

回声角

与卓琳相濡以沫 58 载

1939 年，邓小平认识了在延安公安部工作的卓琳，两人在交往中逐渐相知相爱。革命时期条件艰苦，邓小平和卓琳在延安杨家岭毛泽东住的窑洞前举行了简朴、热闹的婚礼。卓琳生于 1916 年，原名浦琼英，云南宣威人。她是名门闺秀，父亲浦在廷是云南省有名的“宣威火腿大王”，也是著名的实业家。而卓琳也是一位远近闻名的才女——她是云南省第一个考入北京大学的女学生。抗战爆发后，在北京大学上学的卓琳，同许多爱国热血青年一样奔赴延安。在红色圣地，她完成了由名绅千金到共产党人的蜕变。她与邓小平结婚后，两人携手 58 年，硝烟里转战南北，风雨中起落同随。

缔结革命情谊

邓小平与李富春的革命友情始于20世纪20年代，两人一起在法国勤工俭学，既是同为理想而奋斗的年轻革命家，也是亲密无间的战友，更是情浓于血的亲人。后来，两人一起并肩工作，在几十年的岁月里，他们一路风雨同舟、携手同行。

邓小平和李富春之间有着几十载的革命情谊，两人的友情开始于20世纪20年代，那时的中国掀起了留法勤工俭学的热潮，李富春于1919年赴法国勤工俭学，而邓小平也在第二年开始了赴法求学之路。

在法国期间，邓小平的求学理想破灭后，勤工之路也屡受挫折，正是在做工时，他接触了一些进步人士，其中就有李富春、蔡畅夫妇。在他们的影响下，邓小平加入了旅欧中国共产主义青年团（加入时被称为“旅欧中国少年共产党”），走上了革命道路。

在巴黎，邓小平和蔡畅还一起进行了入团宣誓，那天的激动心情，几十年后邓小平仍然记忆犹新。

李富春和蔡畅在法国相爱并结为终身伴侣，邓小平成为他们爱情的见证人。他们夫妇二人均年长邓小平 4 岁，邓小平亲切地称他们为大哥、大姐。由于邓小平在当时赴法留学生中的年纪最小，夫妇俩都亲切地称他为小弟弟。他们愉快地一起工作，畅谈理想，追求共同的信仰。

1923 年，他们一起在周恩来的直接领导下工作，担任机关刊物《少年》的编辑。邓小平、李富春白天做工，晚上搞党的工作，而周恩来则是全部脱产。他们身居陋室，条件艰苦，白天做工糊口，晚上通宵苦干。他们经常挤在周恩来住的小房间里开会，床上、桌子旁都坐满了人，吃的是面包，喝的是白水，有时连蔬菜都吃不上。他们在艰苦的环境中努力工作，顽强斗争，焕发着青春的活力，保持着乐观向上的革命热情。

1925 年，李富春赴苏联学习。1926 年，邓小平也离开法国赴苏联学习。后来，他们在不同的时间应国内革命形势的需要相继回国，投身于如火如荼的国内革命斗争。他们在不同的时期分别在不同的岗位战斗，经历了各种光荣历程、艰难困苦，甚至生离死别。在关键时刻和危难时刻，他们仍然互相关注、互相关心、互相帮助。

1954 年 9 月，邓小平和李富春被任命为中华人民共和国国务院副总理。因为工作关系，邓小平和李富春常常一起出差，他们一起去东北、去西北、去西南、去华东。他们经常在一起深谈，时常是邓小平去李富春家。在工作上，他们配合默契。对于政治上和工作上的问题，他们有许多共同的认识和看法，相知甚深。

1973 年，邓小平回到北京后，时常去探望重病中同样渡尽劫波的老朋友李富春。1975 年，邓小平为这位亲如兄长的老战友李富春主持追悼会并致悼词，为李富春的一生献上了高度的评价。

1980 年 5 月，蔡畅 80 岁生日，邓小平带着全家祖孙四代，去给蔡大姐祝寿，还为她献上一束鲜花。虽然近 60 年的岁月过去了，他们的情谊仍如在法国时期一样深厚。

回声角

李富春、蔡畅夫妇

李富春，中国共产党创建时期入党的老党员，杰出的无产阶级革命家，忠诚的马克思主义者，党和国家的卓越领导人，我国社会主义经济建设的奠基者和组织者之一。在他 50 多年的革命生涯中，他英勇奋斗，无私奉献，为中国人民解放事业和社会主义建设事业建立了不朽的功勋。

蔡畅，中国共产党早期党员，中国妇女解放运动的先驱。新中国成立后，她历任中华全国妇女联合会第一至第三届主席、第四届名誉主席，是第一、二、三届全国人大常委会委员，第四、五届全国人大常委会副委员长。她几十年如一日，投身中国革命和建设，特别是中国妇女解放事业，开创了中国解放区妇女运动的正确道路，奠定了全国妇女解放运动的坚实基础。

清清白白为人

邓小平的舅舅淡以兴比他稍大一些。邓小平从牙牙学语时起，经常被母亲淡氏带回娘家，舅甥俩常在一起玩耍。邓小平和舅舅淡以兴虽说是两辈人，但他们在一起捉迷藏、玩耍时，从来没有顾及辈分，完全像一对志趣相投的小伙伴。舅舅比邓小平大，处处护着邓小平；邓小平机智聪明，舅舅有了事他也主动帮忙。1920 年邓小平离开故土，舅甥俩一别几十年未曾见面。1950 年，淡以兴满怀期望前往重庆找到邓小平想谋点差事，但邓小平一口回绝，并说："共产党的差事不白给啊。"

1949 年下半年，邓小平就任中共中央西南局第一书记、西南军政委员会副主席、西南军区政治委员。

1950 年春天，远在广安的淡以兴听说邓小平当了大官，二话没说，便和邓小平的继母夏伯根来到重庆。警卫员崔来儒立刻向正在开会的邓小平悄悄报告："政委，您舅舅和老娘从广安老家来了。”邓小平一怔。崔来儒继续说：“要不要通知卓琳校长，叫她回来招呼一下？”邓小平把手轻轻一挥，意思是不用了，随后便安排他们先在招待所住下。

当晚，在邓小平家里，淡以兴满身酒气闷头坐在沙发上。邓小平刚回来，淡以兴劈头就问：“好哇，贤娃子，你当真当了大官，六亲不认了！皇帝老子还有三个草鞋亲嘛！”邓小平苦笑：“舅舅。”淡以兴却有些埋怨似的说：“你还认得舅舅啊？你还记得你的亲娘老子不？”邓小平答道：“记得。”这时，淡以兴突然哭了起来，边哭边说：“我可怜的老姐姐啊……贤娃子，你晓不晓得，你走后不到 7 年，你妈就因为想你过度去世了。你那时还在法国，你是她的长子，她生前最疼你了。临死也没见你最后一眼……”

邓小平的眼睛不禁湿润了。尽管离开家乡几十年，但是他怎么可能忘记养育他的那片故土？怎么能忘记与舅舅一起上学、一起赶场、一起做游戏的童年？邓小平尤其思念母亲，离开她老人家的那些年，他无论走到哪里，慈母的形象魂牵梦萦，时常浮现在眼前。更记得离家那天，母亲送他一程又一程，叮嘱他把书读好了回来……

邓小平深情地继续追忆着往事，他要永远感谢父亲他老人家，父亲是个开明、有抱负的人，是他把邓小平送上留法勤工俭学之路，从此改变了邓小平一生的命运。1920 年邓小平 16 岁生日，父亲特地从广安赶到重庆给他过生日，为他送行，并捎上了一大

邓小平铜像

包母亲亲手给他做的广安牛肉干。当天他们去了太平门附近的一个小餐馆，父亲点了几个好菜，可他拿起筷子就哭了，一口也吃不下。邓小平含着泪水对父亲说，他会牢记父母的教诲，拼命学习，将来学成回国报答父母的养育之恩。第二天邓小平就登上了吉庆号客轮，起锚东下。那时已经立秋了，秋风瑟瑟的码头挤满了送行的亲友，他看见父亲不停地向他挥动手臂……还有，母亲亲手给他做的那包牛肉干，好沉好沉，他吃了一个多月，一直吃到了法国马赛。

邓小平回过头来看着同样泪眼蒙眬的淡以兴，说："舅舅，1939 年邓垦到延安后曾经跟我说，是你变卖家产资助他去延安的，后来，国民党还因此通缉你，搞得你一家妻离子散，吃了很多苦头。你到重庆来看我，我晓得也该给你在重庆谋个差事。但是，共产党的差事不白给啊……"在一旁玩耍的邓朴方见大人们都不说话了，突然插了一句："贤娃子？爸爸叫贤娃子？我怎么不知道啊？"淡以兴也故意逗他，说："你不知道的事情还多着呢。放暑假的时候，舅公来接你回广安老家去耍！""说话算话？"年幼的邓朴方瞪大了眼睛问。"一定算话。"随后，淡以兴平复了下心情，接着说："希贤，过两天我们就回广安了。舅舅虽然没得啥子本事，但是养活自己还没得问题！"

回声角

惦念常挂心间

1984 年 10 月，正值全国人民代表大会在京召开，广安县委领导来北京参会，邓小平在接见家乡代表时特意托人给舅父淡以兴捎回去一件蓝色棉大衣（见下图）。当 82 岁高龄的淡以兴用颤抖的双手接过棉大衣时，无比激动，喃喃着："小平还挂念着我！"他急忙叫儿女拿纸和笔来，要给邓小平写信报平安，让他不要挂念。1986 年 2 月，邓小平在成都过春节，特意请淡以兴一家人到成都过年，见面后二人更是问寒问暖，叙亲情、话农桑，言语中无不流露出对家乡和亲人的关切。

邓小平送给淡以兴的蓝色棉大衣

附录

邓小平故居陈列馆、邓小平缅怀馆简介

邓小平故居陈列馆是全国唯一一家以纪念邓小平为专题的纪念馆，首批国家一级博物馆，拥有数量最多、质量最高、内容最丰富的邓小平相关图文资料和文物藏品。自2004年8月对外开放，先后获得全国爱国主义教育示范基地先进单位、全国新时期党性教育特色基地、全国文化和旅游系统先进集体、全国中小学生研学实践教育基地等荣誉称号。2014年，为纪念邓小平诞辰110周年，经中共中央批准，改陈邓小平故居陈列馆，新建邓小平缅怀馆。2024年，邓小平故居陈列馆、邓小平缅怀馆的展陈和设施进行了升级改造，达到“主题鲜明、功能完善、展陈丰富、体验性强”的效果。

邓小平故居陈列馆建筑面积4175平方米，由序厅、展厅、电影厅、珍藏厅等组成，共展出文物藏品309件、图片360幅、多媒体展项25处、场景复原5处、纪录影片3部，生动、全面地展示了邓小平伟大辉煌又富有传奇色彩的人生历程，再现了一个又一个重大的历史场面。“我是中国人民的儿子”为其基本陈列，荣获第六届全国博物馆十

邓小平故居陈列馆

大陈列展览精品特别奖。

邓小平缅怀馆建筑面积 4016 平方米，由序厅、展厅、缅怀厅、手迹厅等组成。其基本陈列为“小平您好”，共展出文物藏品 268 件、图片 177 幅、多媒体展项 26 处、场景复原 4 处，展览复原邓小平生前工作和生活的场景，突出展示邓小平的品格风范和生活情趣，是邓小平故居陈列馆的延伸和补充。

自对外开放以来，邓小平故居陈列馆、邓小平缅怀馆积极发挥爱国主义教育示范基地作用，接待参观者逾 4000 万人次，已成为世人追寻伟人足迹、缅怀伟人丰功伟绩和接受爱国主义教育的重要场所。

后记

为了编好这本青少年读物，我们查阅了现有的馆藏资料和图片，搜集了采访的有关邓小平青少年故事，由于受历史条件制约，我们至今还未找到邓小平在广安生活时期的手迹和图片资料，这也是出版本书的遗憾。经过几个月的努力，我们选编了有关邓小平的 26 个故事，旨在通过讲述一个个故事，鲜活地反映老一辈革命家的学习经历、革命生涯、家风家教、生活趣闻，以推动对老一辈革命家优良传统作风的学习和宣传，推动对中国共产党人革命精神的学习和宣传，教育和激励广大青少年以老一辈革命家为榜样，好好学习、健康成长，为实现中华民族伟大复兴的中国梦努力奋斗。

大象出版社本着坚持服务青少年的正确方向，着力加强青少年思想道德建设，引导青少年树立和践行社会主义核心价值观的目的，精心组织编辑出版了本丛书。我们有理由相信，《邓小平青少年时代的故事》这本书会让广大读者进一步了解邓小平在家乡的学习、生活，以及他后来勤工俭学、参加革命工作的点点滴滴，成为宣传世纪伟人邓小平的又一精品力作。

由于编者水平有限，出版时间较紧，书中难免出现纰漏，敬请读者批评指正。

编　者

2024 年 6 月 1 日